Los mejores cuentos de
Clarín

Pipá, Librería de Fernando Fe, 2ª ed., Madrid, 1886.
- Avecilla.

El señor y lo demás son cuentos, Madrid, 1919.
- ¡Adiós, Cordera!
- La Ronca.
- La rosa de oro.

Cuentos morales, La España editorial, Madrid, 1896.
- Boroña.
- La conversión de Chiripa.
- El Torso.
- El frío del Papa.
- El Quin.
- Don Patricio o el premio gordo en Melilla.
- El sustituto.

El gallo de Sócrates, Casa Editorial Maucci, Barcelona, 1901.
- El rey Baltasar.
- Dos sabios.
- El entierro de la sardina.

Doctor Sutilis, Renacimiento, Madrid, 1916.
- Manín de Pepa José.

Ventura Rodríguez 4, 1º
33004 OVIEDO
www.ed-nobel.es

IMPRESIÓN:
Gráficas Summa, S. A., Llanera (Asturias)

ISBN: 84-8459-081-X
Depósito Legal: AS-4.654/2001

Hecho en España

Los mejores cuentos de

CLARÍN

EDICIONES NOBEL

Índice

Avecilla

I

Don Casto Avecilla había pasado del Archivo de Fomento, pero sin ascenso, a la dirección de Agricultura, y de todos modos seguía siendo un escribiente, el más humilde empleado de la casa. Los porteros, cuyo uniforme envidiaba don Casto, no por la vanidad de los galones, sino por el abrigo del paño, despreciábanle soberanamente. Él fingía no comprender aquel desprecio, creyéndose superior en jerarquía a tan subalternos personajes, siquiera ellos cobrasen mejor sueldo y tuvieran gajes que a don Casto ni se le pasaban por las mientes, cuanto más por los bolsillos. Cuando se le preguntaba la condición de su nuevo empleo, decía con la mayor humildad y muy seriamente que estaba en pastos, palabra con que él sintetizaba, por no sé qué clasificación administrativa, la tarea a que consagraba el sudor de su frente.

Era una tarde de las primeras frías de octubre. El concienzudo Avecilla terminaba la copia de una minuta conceptuosa escrita por el oficial de su mesa, y mientras limpiaba la pluma en la manga de percal inherente a su personalidad oficinesca, sonreía a la idea de un proyecto que desde aquella mañana tenía entre ceja y ceja. Almorzaba don Casto en la oficina y sin vino, por lo común, pero aquel día un compañero aragonés habíale dado a probar un Valdiñón que de Zaragoza le enviaran los suyos, y don Casto, que no solía probarlo, con una sola copa se había puesto muy contento, y hasta la tinta la veía de color de rosa. Y por cierto que decía: —¿Quién ha traído esta tinta tan clara? Es bonita para cartas de lechuguinos, pero no es propia de la dignidad del Estado. —Porque es bueno advertir de paso, que Avecilla, muchos años después de haber comenzado su vida burocrática, había averiguado que lo que él había llamado el Gobierno siempre, no era precisamente quien le pagaba ni a quien él servía; supo, *en suma,* que existía *una entidad superior llamada Estado,* y que el Estado, es decir, yo, usted, el vecino, todos los *ciudadanos, en suma,* eran los verdaderos señores, pero no como particulares, sino *en cuanto entidad Estado.* Saber esto y engreírse el señor Avecilla fue todo uno. Desde entonces se creyó una ruedecilla de la gran máquina, y tomó la alegoría mecánica tan al pie de la letra, que casi se volvía loco pensando que si él caía enfermo, y se paraba, por consiguiente, en cuanto rueda administrativa, las ruedecillas que engranaban con él, se pararían también, y de una en otra, llegaría la inacción a todas las ruedas, inclusive las más grandes e interesantes. Muchas veces, cuando salía el buen escribiente a paseo con su cara mitad y con su querida Pepita, hija única, de 17 años, iba pensando cosas así. Reparaba con pena el color de ala de mosca de la mantilla de su mujer; bien comprendía que el abrigo de Pepilla era raquítico, muy corto y atrasado de moda y desairado; y ¡qué lástima! precisamente la chiquilla tenía un cuerpo hecho a torno. Pero por muy bien torneado que tuviera el cuerpo, cuando apretaba el frío no había más remedio que recurrir al abrigo desairado y tristón. Los pobres no siempre pueden lucir la hermosura. —Para ver a Pepilla hay que verla cosiendo en su guardilla, pensaba el padre, cosiendo en su guardilla, en verano, en enaguas, con un pañuelo de percal al cuello, la camisilla algo descotada, sudando gotitas muy menudillas por el finísimo cuello... y canta que cantarás... En invierno, la ropa mal hecha y no siempre hecha para ella, le roba a la vista algunos encantos... Pero todas estas tristezas que iba pensando por el paseo el señor don Casto se le olvidaban como cosa baladí, cuando volvía a parar mientes en su propia personalidad administrativa. —En cuanto a mí, decía, soy un miembro intrínseco de la sociedad de que formo parte. Y se detenía un momento, y dejaba que madre e hija siguieran un poco adelante, para contemplarse a su sabor en su calidad de miembro integrante (que era lo que él quería decir con lo de intrínseco) de la sociedad de que formaba parte. Llevaba siempre a paseo un gabán ruso, de color de pasa, del más empecatado género catalán que fue en el mundo protegido de aranceles. Ocho duros decía don Casto que había sido el precio de tan hermosa prenda, pero esto era una de las pocas mentirijillas que él creía necesario decir en *holocausto al decoro*. El gabán había costado cinco duros y ya se había reenganchado varias veces, pues más de seis años atrás había cumplido el servicio y merecido la absoluta. Decía don Casto que no el Gobierno, sino los particulares eran los que debían proteger la industria nacional. —¿Que cómo?, declamaba en su oficina, dando un puñetazo, no muy fuerte, al pupitre (en ausencia del oficial). ¿Que cómo? Es muy sencillo; usando, como yo uso siempre, géneros españoles; y señalaba con el dedo índice de la mano derecha a su gabán ruso colgado de humilde percha; y en esta actitud permanecía mucho tiempo. —No es el Estado, no, como entidad, el que debe cuidar las industrias; somos nosotros los que debemos consumir constantemente, y cueste lo que cueste, los productos nacionales. Así se hermana la libertad con la prosperidad nacional. Es preciso confesar que Avecilla, aunque modesto por condición, sentía gran orgullo al contemplarse inventor de esta graciosa componenda del libre cambio y el proteccionismo. Leía los periódicos, y al llegar el verano solía encontrar noticias como esta: "Los duques de las Batuecas han salido para Biarritz". —¡Fuego en ellos!, gritaba don Casto; esta nobleza, esta respetable nobleza, sí, muy respetable, por otra parte, no conoce sus intereses: ¡así se protege la prosperidad nacional! Ir al extranjero... dejar allí todo el dinero de la nación... no, en mis días, no iré yo a vestirme al extranjero. ¿Pues y las modas? ¿Y las señoritas que encargan sus trajes a París? Aborrecía don Casto *Le bon marché* y *Le Printemps* con toda su alma, tanto, que una vez que le hablaron del *Barbero* de Beaumarchais: —¡No me hablen de ese comerciante! —gritó tomando al poeta por el comercio parisiense. —Mi hija no encarga, no, sus vestidos a esos establecimientos, que viste a la española, y como española... lo mismo que su padre.

Decía antes que iba don Casto con su mujer y con su hija a paseo, y que las dejaba adelantarse un poco para considerar su personalidad jurídico-administrativa a sus anchas. Esas palabrejas compuestas, separadas por un guión, le encantaban; cuando empezó a saber de ellas, que no hacía mucho, las extrañó bastante, y creía que no era castellana esa concordancia de lírico-dramática, por ejemplo. —Será lírica-dramática, sostenía don Casto; pero cuando se convenció de que era lírico-dramática y democrático-monárquica, encontró un encanto especial en esta clase de vocablos, y a cada momento los usaba, bien o mal emparejados.

Considerando, pues, su personalidad, o dígase entidad, que lo mismo le daba a él, jurídico-administrativa, don Casto sentía lo que se llama pasmos y hasta llegaba al deliquio. Tenía soberbia imaginación; cuantas metáforas y alegorías andan por los lugares comunes de la retórica periodística y parlamentaria, tomábalas al pie de la letra Avecilla y veía los respectivos objetos en la forma material del tropo. V. gr.: el equilibrio de los poderes se lo figuraba él en forma de romana; el rey o jefe del Estado, o sea poder moderador (nombre que daba a S. M.), era el que tenía el peso; y no por falta de respeto, ni menos por mofa, sino por inevitable asociación de ideas, se le representaba como poder moderador el carbonero de la calle de Capellanes, su amigo, todo negro de tiznes, pero imparcial y justo; el poder judicial era el fiel; el poder legislativo estaba colgado de los ganchos, y el ejecutivo era la pesa. Pensando en la arena candente de la política se le aparecía la plaza de toros en un día de corrida en agosto y desde tendido de sol. En cuanto a él, don Casto Avecilla, era, como dejo dicho, una rueda de la máquina administrativa, siquiera fuese una rueda del tamaño de un grano de mostaza. No por esto se afligía, pues sabía que no por ser tan pequeña era esta ruedecilla menos importante que las otras. Tan al pie de la letra tomaba esto de la rueda, que dos o tres veces que tuvo tercianas soñó que tenía dientes por todo el cuerpo, y delirando dijo a su mujer: —Dejad todas esas medicinas; lo que yo necesito es aceite, que me unten, que me den la unción y veréis como corro.

Iban delante su mujer y su hija Pepita, y él quedábase atrás, como ya dije dos veces; poníase el sol en el ocaso, como suele; los celajes de grana, inmenso incendio en el horizonte, daban a la fantasía de don Casto inspiración para sus sueños administrativos; él llevaba en la cabeza una epopeya burocrática; sentíase crecer; dentro de él, por una especie de panteísmo oficinesco, veía la esencia de cuanto es el Estado, en sus ramos distintos, pero enlazados. —Que me muero yo ahora, de repente, pensaba, pues no sólo dejo en la miseria a esas dos pobres mujeres, sí que también (este giro lo había aprendido en un periódico) sí que también, y esto es lo más interesante, por mí se detiene el general movimiento del bien concertado mecanismo del Estado; se para esta ruedecilla, y se debe quedar en el lecho; acto continuo se detiene la rueda inmediata superior; el oficial, al detenerse esta, tropieza y también se detienen los demás oficiales y escribientes del negociado... —y de una en otra llegaba a ver detenidas todas las direcciones del ministerio, y detenido el ministerio de Fomento, parábase el de Gobernación *et sic de ceteris*... —¡Qué importancia la mía!, exclamaba abrochándose el gabán para que una pulmonía no viniese a interrumpir el juego de las instituciones. ¡Qué importancia! Y mirando al sol que se escondía, no se creía inferior por su destino al astro rey; pues si por él vivía la república ordenada de nuestro sistema planetario, en el orden sociológico era don Casto no menos indispensable que el luminoso rayo que se perdía... Todo es uno y lo mismo, había leído una vez, creo que en Campoamor, y desde entonces sin entender este, que a su buen sentido parecía un disparate, lo repetía en las grandes ocasiones, sobre todo cuando le faltaban argumentos.

Vengamos al día en que había bebido una copa de Valdiñón y estaba muy contento.

El oficial acababa de abandonar su puesto, quedaban allí varios auxiliares y los escribientes.

—Yo sostengo que el teatro no es la escuela de las costumbres —decía un joven auxiliar, que parecía oficial de peluquero, y tenía una instrucción y un escepticismo de peluquero también. —Yo al teatro voy a reírme y nada más, exclamó un escribiente gordo y calvo que dormía más que escribía. Don Casto levantó la cabeza, y mientras se desataba la manga de percal negro dijo, porque creyó llegada la hora de decir algo: —Caballeros, yo confieso que prefiero las comedias de magia que encierran un fin moral. Cuando veo a la virtud triunfante en lo que llaman los inteligentes la apoteosis, rodeada de ángeles y alumbrada por luces de bengala, comprendo que el teatro, bien entendido, es un elemento de educación y entra de lleno en la esfera que llamaré artístico-administrativa, merced a los recursos de la literatura lírico-dramático-escenográfica. —Calló don Casto, convencido de que no en balde había dicho tanta palabra compuesta. No replicaron los circunstantes que veían en Avecilla el oráculo del negociado; y él, con paso majestuoso, con modestia que sienta bien a la sabiduría, se fue derecho a su gabán, que estaba en la percha de siempre, y bien envuelto en aquella querida prenda, salió de la oficina diciendo: —Buenas tardes, caballeros. Se le había ocurrido una idea: que aquella noche debía llevar a su mujer e hija al teatro. A pesar de lo mucho y bien que discurría don Casto en materias lírico-dramáticas, como él decía, era lo cierto que en 11 años había visto dos veces el teatro Español por dentro. No había visto más que *La vida es sueño* y *La redoma encantada.* —¡Cómo se va a alegrar Pepita!, iba pensando camino de su casa. Este era el proyecto que le tenía preocupado hacía algunas horas. ¡Ir al teatro toda la familia! Idea tentadora, pero que iba a costar muy cara... En cambio, ¡qué alegría la de Pepita, tan sensible, tan aficionada a la comedia! ¡Oh, el alegrón que con esta noticia dio don Casto Avecilla a los suyos, artículo aparte merece, así como las vicisitudes de aquella noche consagrada al arte! Estos despilfarros de los pobres, que llevan la economía hasta el hambre, tienen un fondo de ternura que hace llorar. Cosiendo está en casa doña Petra, la digna esposa de don Casto, bien ajena de que el demonio tentador va a entrar diciendo, con heroico arranque de valor: —¡Ea, vamos a echar una cana al aire. Pepa, esta noche al teatro!

—¡Una cana al aire! —gritará Pepita, que tiene el pelo negro como la endrina. Las canas de los pobres son los ochavos. Dejemos a don Casto colgado del cordón de la campanilla, jadeante, anhelando comunicar a sus queridas *esposa e hija* su resolución temeraria. —¡Tilín, tilín, tilín!... —Es él —dice Pepita levantándose. —Él —repite la madre, y ninguna sospecha nada. —¡Abramos!

II

¡Él era! Radiante como debió de estar César después de pasar el Rubicón; desafiando al mundo entero con una mirada de... no se puede decir de águila, porque si a la de algún volátil tiene que parecerse la mirada de don Casto, será a la de la codorniz sencilla. Don Casto iba decidido a vencer, a no dejarse dominar por la excesiva parsimonia económica de doña Petra, su dulce pero demasiado cominera esposa.

Avecilla expuso su atrevido proyecto en pocas palabras, sin andarse con circunloquios. Pepita abrió unos ojos como puños; su madre una boca como quinientos ojos de Pepita.

Don Casto repetía lo de la cana al aire y se adelantaba a todas las objeciones. —¡Se me dirá que el teatro no educa! —Pues yo digo que sí. Educa relativamente —y se detuvo un momento, procurando acordarse de un latín que él había oído usar en casos análogos. —*Secundum quid,* era lo que quería decir. —Casto, mejor sería que guardáramos esos cuartos para reunir el traje de franela que te ha recomendado el médico; mira que el invierno se echa encima... —Don Casto tembló del frío que le dio acordarse del reuma y del invierno. —No niego yo la importancia del abrigo —replicó—, pero el espíritu también necesita su refrigerio; tú no sabes, Petra, y eso explica tu incalificable tenacidad, que así como hay ciencias que se llaman físico-matemáticas, otras existen con el nombre de político-morales. —¿Y qué tenemos con eso, Avecilla? —Tenemos que Pepita se compone, como todo ser racional y libre, de alma y cuerpo, y se pasa el santo día y gran parte de la noche igualmente santa, consagrada a las tareas propias de su sexo, que más embrutecen que elevan el espíritu; y es necesario que, de vez en cuando, dé reposo al cuerpo y trabajo al alma, con la contemplación de lo bello, lo bueno y lo verdadero.

Doña Petra estaba muy acostumbrada a no entender palabra de cuanto decía su querido esposo; pero lejos de burlarse de estos discursos, creía firmemente que a ellos debía don Casto la conservación de su destino a través de todos los ministerios y formas de gobierno. Aquella garrulería incomprensible representaba a los ojos y a los oídos de doña Petra el pan de cada día; creía con fe ciega que tales sentencias y palabrotas eran la ordinaria tarea de su marido en la oficina de pastos. Preciso es confesar que don Casto en ninguna parte como en su casa abusaba de las palabras compuestas, del tecnicismo que no entendía y de las citas inoportunas; recreábale la música de sus párrafos y: —¡Aquí que no peco! —pensaba, disparatando en el *hogar doméstico* más graciosamente que en la *plaza pública* y *sin trabas ni cortapisas.*

Pepita, que saltaba en su silla de costura, deseando apoyar la resolución de su padre, se contuvo ante el argumento de la franela. ¡El pobre viejo necesitaba tanto aquel abrigo! En cambio su madre comenzó a rendirse ante la consideración de que Pepita tenía alma y cuerpo y todo lo demás que había dicho el sabio. La madre miró a la hija, con los ojos llenos de lágrimas. ¡Si sabría ella cuál era la pasión de Pepa! No en balde tenía la niña un padre *tan fantástico.* Lo que a él se le iba en imaginar máquinas administrativas, fábricas de gobernar al vapor, la niña empleábalo en crear poéticas figuras y sucesos de inverosímil grandeza. Poco había leído porque le faltaba tiempo; pero de restos de personajes y de intrigas que en malos libros recogiera, iba formando poemas de su invención, purificándolo todo en su rica y sana fantasía que inspiraba un corazón tierno y ardiente en el amor de lo que llamaría don Casto lo bueno, lo bello y lo verdadero.

Doña Petra no tenía fantasía. —Los de mi tierra (una de las Cinco villas) no son *imaginativos* —decía ella; pero respetaba el sagrado fuego que ardía en los dos seres que más amaba. Nunca había engañado a su marido; mas tenía un secreto deseo que por nada de este mundo le hubiera revelado: volver a ver las figuras de cera. Todos los teatros de la tierra daba ella por el placer de contemplar aquellos hombres que parecían de carne y hueso y eran de la materia misma con que ella suavizaba el hilo. En el teatro los hombres eran hombres efectivamente ¡vaya una gracia!, el caso era parecerlo y no serlo. El encanto del engaño, de la imitación de lo humano, era el único placer estético que comprendía doña Josefa. Aunque ella oculte el deseo de que hablo, porque sabe que a su marido le parece indigno de la esposa de un Avecilla, bien recuerda don Casto el placer intenso que experimentó Petra en Zaragoza durante las ferias de la Pilarica, contemplando la exposición de figuras de movimiento de Mr. Brunetière.

—Ya se sabe —exclamó el esposo—, para ti no hay comedia, drama, ni tragedia que valga lo que uno de esos cuadros de la *cerámica* —así llamaba don Casto al arte que encantaba a su esposa. —Comprendo que guste la escultura... pero ¡la cerámica! —¿Pues qué mejor escultura que las figuras de cera? —Se atrevió a replicar la buena señora. —¡Profanación! —Las estatuas, vamos a ver, ¿no quieren imitar a las personas? Pues las personas no andan en cueros vivos, por poca vergüenza que tengan, ni con esas ropas menores ceñidas al cuerpo. Si alguna estatua me gusta es la de Mendizábal. —¡Ilustre patricio y estatua detestable! —exclamó el marido—. Pues esa, a lo menos, tiene capa, como se usan y no un camisón de once varas. Pero mejor están las figuras de cera que traen ropa como las personas; vamos, de tela y de paño y a la moda del día. Pues ¿y la color?, ¿y los ojos?, y ¿qué me dices de aquellas que alientan y se quejan como cristianos? ¿No te acuerdas de la madre de Cabrera en la prisión? ¡Qué lágrimas vertía la pobrecita! ¿Y aquel oficial moribundo? ¡Qué estertor aquel!, así se mueren las personas de verdad; dímelo tú a mí... —Pues ¿y el czar cayendo más muerto que vivo de su coche? ¿Y aquel señor chiquitín que se llamaba el señor Tres o Tries?... —Thiers, Josefa, el gran repúblico. —Pues ese. ¿Y el papa Pío IX dándole la mano al que hay ahora y los dos risueños como ángeles? —Basta, basta... Recuerdo, sí, recuerdo todas aquellas ignominias del arte... Y volviéndose a la hija continúa: —Figúrate, hija mía; anacronismo sobre anacronismo (Pepita no sabía lo que era esto); *un tutunvulutum* (tótum revolútum), un *vademecum* (pandemónium) una caja de *Pandorga* (Pandora), en suma... Allí vi ¡horror! a don Alfonso XII, al poder moderador, vestido de capitán general, con su difunta esposa Mercedes, del brazo derecho y la reina Cristina del izquierdo, ambas en traje de boda. ¡Bigamia espantosa, cuyo ejemplo hubiera bastado para desmoralizar toda la administración!... Después Rita Luna codeándose con Julio Fabre, el Empecinado mano a mano con la Emperatriz Eugenia, Mariana Pineda, a partir un piñón con el obispo Caixal... y por último, Calderón de la Barca, con un libro encarnado entre las manos, un libro, hija mía, titulado, bien lo recuerdo, *Voyage sur les glaces* (como suena)... En fin, Petra, tú estás dispensada de tener ideas estéticas. Vamos al teatro.

Vencidos los últimos escrúpulos, más económicos que estéticos de la digna esposa, aquella honrada familia procedió a los preparativos de la extraordinaria fiesta. Era preciso cenar antes de salir; después hacer el tocado, como con gran afectación decía don Casto, cuyo proteccionismo se extendía al idioma. —¡Yo no uso galicismos! —gritaba ardiendo en la pura llama del patriotismo gramatical. Y era verdad que no los usaba a sabiendas, que es el único modo de usarlos que consiente la gramática de la Academia.

Lo más interesante que sucedió aquella noche en casa de Avecilla, fue el *tocado* de Pepita. Lector, si eres observador y, además, tienes un poco de corazón, alguna vez te habrá enternecido espectáculo semejante.

¿Cómo se compone y emperejila, si don Casto permite la palabra, la hija de un pobre, en la ocasión solemne y extraordinaria de ir al teatro? Veamos esto.

El tocador de Pepita era muy sencillo, tal vez demasiado: un espejo de marco negro colgado de un clavo en la pared. Su luna recordaba un día de borrasca en el mar por lo profundas que eran las ondulaciones aparentes de la superficie. Pepita se veía allí en zigzags, pero acostumbrada ya a ello, mediante una rectificación que su fantasía acertaba a imaginar en un instante, la niña se servía de aquel mueble cual si fuese hermosa luna de Venecia. Debajo del espejo había un costurero antiguo con un agujero grande en el medio, obra de la industria casera; en aquel agujero se colocaba la palangana de barro pintado. Sobre el costurero había un acerico de terciopelo carmesí muy raído, unas flores de trapo procedentes de algún ramillete de confitería, varios frascos vacíos y algunos peines muy limpios.

Pepita acaba de peinarse; como ya es de noche, ha encendido una vela de sebo y ensaya distancias entre la luz y el espejo, la cabeza y la luz, para poder contemplarse. Está satisfecha. La verdad es que en el espejo parece un monstruo; se ven unos ojos muy estirados de arriba abajo, una frente deprimida y un moño que parece un monte; pero Pepita no ve eso, ve la Pepita que lleva en la cabeza, la que ha visto en los espejos de las tiendas, y esa es bonita y de facciones correctas. Valga esta vez la verdad, no es tan bonita como ella se lo figura, no por vanidad, sino por optimismo que nace del alegrón que le ha dado su padre. ¡Ir al teatro! ¡Para Pepita el teatro es una cosa tan distinta de lo demás del mundo! ¡Cuánto más hermoso! Pocas veces lo ha visto, pero ni el pormenor menos digno de recuerdo se le ha escapado de la memoria. ¡Si este pícaro mundo fuese como el teatro o parecido siquiera! Allí los amantes son apasionados, tiernos, caballeros y leales; ella no ha tenido más que un novio, pero hubo de darle calabazas, porque el papá decía que era un holgazán, que nunca podría sustentar una familia.

¡Oh vergüenza! ¡Un novio a quien es preciso dejar porque no tiene pan que dar a su mujer! En el teatro también los novios son pobres a veces, pero en tales casos la novia respectiva resulta princesa, y ella lo paga todo, y otras veces es el novio el que sale siendo hijo de un banquero riquísimo, algo tacaño y severo, pero que al fin se ablanda y todos quedan contentos. Y en último caso, si el trance no tiene arreglo —Pepita prefiere que lo tenga— el amante se desespera, y se muere o se mata, y aunque esto es una atrocidad, un pecado muy grande, ello prueba mucho amor. Pues, ¿y las comidas del teatro? ¡Qué lujosa mesa! ¡Cuántas damas y señores! ¡Qué de criados con librea! ¡Qué ramos de flores sobre la mesa! y ¡cuántos vinos exquisitos! Pepita nunca ha comido mejor que en su casa. ¡Oh, el teatro es una ventana por donde se ve desde la triste vida las alegrías del cielo! Pues, ¿dónde dejamos aquel hablar en versos tan bonitos, sin que falte nunca la copla? (el consonante). ¡Y qué bien recitan todos, hasta los graciosos más zafios!... Pepita se vuelve loca de alegría, sólo con pensar en lo que se va a divertir.

Una vez decidido que se va al teatro cueste lo que cueste (y costará poco), Pepita ya no se contiene; canta, habla deprisa, casi llora de entusiasmo, dice mil tonterías... ¡está la pobre tan nerviosilla! Desde la alcoba donde se está mudando las enaguas y toda la ropa interior, habla con su padre que se pasea muy satisfecho por la salita única de la casa. En la otra alcoba, la del matrimonio, la señora de Avecilla se está mudando el traje también, y al mismo tiempo reza las oraciones de su devoción, segura de que al volver del teatro el sueño no le dejará concluir ni un *Padre nuestro.*

—Papá —grita la joven—, ¿a qué teatro vamos? —Eso lo pensaremos, hija mía; es necesario saber distinguir de arte y arte; y, como yo decía hoy en la oficina a aquellos señores, el teatro puede moralizar, sí, señor, puede moralizar y puede desmoralizar; de modo, que lo pensaremos.

—Papá, ¿llevarás la corbata que no has estrenado, por supuesto? —Sí, hija mía, por más que te confieso que todavía no he comprendido bien el mecanismo de la tal corbatita. Cuando la compraste en la esquina del Principal, ¿no te dijeron cómo se ponía?

—Sí, papá; verás, yo misma te la pondré.

Y Pepita sale con la corbata de su padre entre manos.

Don Casto contempla a su hija con cierta melancolía. —Mi hija —piensa— está más bonita cuando no viste sus galas. Ese abrigo, ese maldito abrigo me la desfigura.

Y es verdad, Pepita no viste bien la ropa mala. Es posible que si entregaran su cuerpo bonito a una buena modista, hiciera con él maravillas, pero la muchacha, que se pone tan pocas veces el vestido bueno (el más viejo porque no se usa nunca), semeja una lugareña mal pergeñada con los trapos de cristianar. Hasta el peinado parece mal, afectado, estirado, *relamido.* La poca práctica no la permite ser hábil en su tocado, y tarda en peinarse y se soba demasiado; está muy colorada y tiene un poco untada la frente de no sé qué, pero ello es que tiene reflejos nada agradables: no es aquella la Pepita de todos los días, y bien lo conoce su padre; pero se guarda de comunicar su pensamiento.

La niña se cree más guapa que nunca, o acaso no piensa en tal cosa: piensa en el teatro. La corbata de *plastrón* ya está puesta. Don Casto se ha quitado el ruso, la americana y el chaleco, y con el cuello estirado, mordiendo con el labio superior el inferior, como si pretendiese estirar la piel y evitar un pellizco del resorte de la corbata que, francamente, le ahoga, permite que Pepita medio le sofoque con el pretexto fútil de engalanarle. Don Casto no se ha dado cuenta del procedimiento; para él es un misterio cómo se ponen esas corbatas, que entran y salen tantas veces en unos ganchos que tienen, no sabe él dónde.

—Pues, sí, hija mía, el teatro moraliza, pero es necesario saber elegir. El can-can perdió a París, perdió a Francia; en cambio, ¿sabes quién ganó a Sedán? —Los alemanes —dice Pepita. —¡De ninguna manera! —¿Pues quién? —¡El maestro de escuela! —dice la mamá saliendo de la alcoba. —¿Cómo sabes tú eso? —pregunta Avecilla asombrado. —¡Toma, porque te lo he oído decir cien veces! —Los franceses se lo tienen merecido. Ellos han corrompido la Europa latina... Por ejemplo: estas corbatas, ¿quién las ha inventado sino ellos?

Don Casto está irritado; aquella prenda de *importación francesa* le da tormento.

Al fin salen de casa.

—¿Adónde vamos? —pregunta la mamá.

—¿Quieres que vayamos al Español?

—¿Qué representan allí?

—*El pelo de la dehesa...* Comedia culta; yo la he leído... y ahora que recuerdo, tú, niña (habla con su mujer), haz memoria. ¿No te acuerdas de que la vimos en Zaragoza?

—¡Ah, sí! Es aquella comedia tan larga y tan pesada, donde todo el tiempo se están los cómicos en una habitación, y pasa un acto, y nada, la misma habitación... ¡Reniego de ella!

—Sí, verdad es que renegaste y me hiciste abandonar el teatro antes del cuarto acto.

—Pues claro; cuando una es pobre y se divierte pocas veces, quiere divertirse de veras. Mira tú, que para ver no más que una sala y un señor de pueblo, una especie de baturro... y precisamente en Zaragoza... ya ves, eso es muy aburrido.

—Pues, bien; da tu voto, mujer.

—Yo opino... que vayamos a la Zarzuela.

—¡Ay, sí, sí, a la Zarzuela, papá! —exclama Pepita.

Don Casto se detiene. Siente decírselo a su señora e hija, siente contrariarlas pero... lo dice al fin, con tono solemne y misterioso:

—¡La Zarzuela es un género híbrido!

Pepita no insiste. Su papá es para ella una autoridad; no sabe lo que significa híbrido, pero no debe de ser cosa buena.

La digna esposa de Avecilla exclama:

—Entonces, no digo nada; lo primero es que a la chica no la abran los ojos con picardías...

Sin embargo, en su fuero interno, la austera dama protesta, porque ella ha visto muchas zarzuelas que no eran *híbridas,* sino muy inocentes y morales... Poco después, piensa. —Eso de híbrido, acaso signifique otra cosa.

—¿Quieres que vayamos a la ópera, papá? Allí hay muy bonitas decoraciones y eso le gustará a mamá.

—Te diré, Pepita: la ópera no es híbrida, pero... ya sabes cuál es mi sistema económico; soy librecambista como gobierno, en mi entidad Estado, pues ya sabes que todos formamos parte intrínseca del Estado, pero en cuanto particular, creo deber mío consumir productos nacionales; el arte es producto, luego yo debo proteger el arte nacional, y en la ópera cantan en italiano.

—Y lo peor es que no se entiende —observó la digna esposa.

—Y además, ahora recuerdo que está cerrado el Real —concluyó Pepita.

—¿Qué les parece a ustedes de irnos a los caballitos, a Price? —propuso la madre.

—Eso no es arte, es decir, no es arte bella.

—A mí no me gustan los títeres, yo quiero teatro.

—Pero el teatro... el teatro... ¡Si no hay ninguno que os agrade!

—A mí, todos, madre.

—Pero tu padre no acaba de decidirse.

Estaban en la Puerta del Sol; el reloj del Principal señalaba las nueve en punto.

—¿En qué quedamos, papá?

El entusiasmo artístico de don Casto se había enfriado un poco. Al valor de gastarse 12 o 20 reales, protegiendo el arte nacional, había sucedido en su espíritu una serie de reflexiones relativas a las ventajas del ahorro en las clases pobres.

Mientras su hija decía que era tarde y que ya no se llegaría a ningún teatro serio a buena hora, Avecilla recordaba lo que había oído y leído de las excelencias del interés compuesto de las cajas de ahorro, de lo que llega a ser el *óbolo* del pobre en una de estas instituciones benéficas que hay en el extranjero.

—Después de todo, hija mía, el arte está perdido.

La señora de Avecilla notó la reacción que experimentaba su amante esposo, y quiso aprovecharla en bien de la economía doméstica, asegurando que, en efecto, estaba perdido el arte, y añadiendo:

—¿Vamos un rato hacia la feria?

—¿A qué feria, mamá, a estas horas?

Era el año en que el ayuntamiento de Madrid procuró atraer a la capital toda la riqueza de España, haciendo en el Prado una feria digna de Pozuelo de Alarcón.

Más arriba del Prado, entre el Dos de Mayo y el Retiro, habían sentado sus reales una multitud de artistas errantes, de esos que van de pueblo en pueblo y de gente en gente, enseñando monstruos de la fauna terrestre a la asombrada humanidad. Una ciudad de barracas se había plantado a las puertas del Retiro. Don Casto lo sabía, y aprobando el proyecto de su esposa, dirigió sus pasos y los de su familia a la feria de maravillas zoológicas.

—¿Pero qué, ya no se va al teatro? —preguntó tímidamente Pepita.

—A la vuelta de la feria, veremos una pieza en Variedades o en Eslava... todo es arte. Pero antes vamos a ver si tu madre satisface esa curiosidad que siente ante lo fenomenal y supra... y supra... En fin, vamos a ver *la mujer gorda.*

El matrimonio, sin decirse nada, se había puesto de acuerdo para gastar poco. Buscaban sofismas que les sugería el espíritu del ahorro, para conciliar las altas aspiraciones estéticas de la familia Avecilla con la parsimonia en los gastos extraordinarios, como pensaba don Casto.

Llegaron a las barracas. Pasaron sin manifestar la menor curiosidad delante de la casa de fieras, en que se enseñaba un tigre de Bengala, un oso blanco algo rubio, y dos lobos. En vano, en otro de aquellos cajones de madera, gritaba el hombre de las serpientes; y hasta se oyó con indiferencia el pregón de la ternera con dos cabezas. Algo llamó la atención de la señora de Avecilla una voz que exclamaba:

—¡Aquí, aquí, a la mona que da de mamar a un gato vivo!...

Pero la mirada imperiosa de don Casto, que iba un poco avergonzado, hizo que el deseo de su señora muriese al nacer.

Siguieron adelante. Por fin, entre rojas teas, que arrojaban al espacio ondulantes columnas de humo pestífero, la señora de Avecilla vio en un gran lienzo pintado, una arrogante figura de mujer con barbas, la cual, castamente, cultivado el arte por el arte, enseñaba al ilustrado público una arrogante pantorrilla, ceñida de una liga en que pudo leer don Casto difícilmente: *Honni soit qui mal y pense.* Había leído en voz alta, y el público indocto que rodeaba la barraca (soldados y paletos, mozuelas y pillastres), se acercaron para oír la traducción que iba a hacer de la misteriosa inscripción aquel señor tan estirado.

—¿Qué significa eso, Casto? —le preguntó su esposa muy hueca, facilitándole la ocasión de lucirse en público.

La buena señora creía que su esposo sabía, por adivinación, todas las lenguas, incluso el griego, idioma a que sin duda pertenecía aquel letrero. Don Casto se puso muy colorado y metió tres dedos entre la corbata, que le ahogaba, y la nuez.

—Eso —dijo por fin— es... una divisa que... que... que habréis visto en los forros de los sombreros... No tiene traducción literal... pero está en inglés... de eso estoy seguro.

El redoble de un tambor cubrió su voz, como la de Luis XVI en el cadalso.

Desde una doble escalera de mano de pie en el más alto peldaño, un charlatán, cubierto de larguísima camisa que llegaba al suelo, comenzó a predicar la buena nueva de *Mademoiselle Ida,* la señorita giganta de *Maryland,* en los Estados Unidos de *l'Amérique.*

El hombre de la escalera, después de contar la historia de nuestra mujer gorda, se atribuyó su personalidad, y para acreditarla decía:

—¡Señores, aquí tienen la gran camisa y las fenomenales medias!

Y por medias enseñaba dos grandes sacos por donde metía la cabeza.

Después le echaron desde abajo una almohada de regular tamaño, y con ella quiso imitar las turgencias más apreciables y escultóricas de la mujer gorda.

—¡Oiga usted, caballero! —gritó, al llegar aquí, don Casto Avecilla, colorado como una amapola, tanto por el rubor cuanto por el apretón que le daba la corbata, que le estaba degollando. —¡Oiga usted, caballero, delante de mi hija no se hacen esas indecencias, y esto es engañar al público, que tiene derecho a que se le indemnice!...

En aquel momento se acordó de que nada le había costado el espectáculo, que era al aire libre y sin entrada, en medio de la feria.

—*Pardon, monsieur, mais nous sommes ici chez nous, s'il vous plait* —dijo el de la camisa, en francés, con acento catalán.

—Si no le gusta la función puede usted marcharse —dijo un soldado cuyas castas orejas no lastimaban aquellas alegorías pornográficas.

Avecilla replicó:

—Y sí, señor, que me marcharé; y si la autoridad fuese en todo como en lo que yo me sé, si el Estado tuviese sus representantes en todas partes, esto no pasaría, no, señor; esto es desmoralizar al pueblo, al pobre pueblo, que no puede permitirse el lujo...

—¡Fuera, fuera! ¡Que baile don Quijote! —gritó la chusma por cuya moralidad volvía angustiado Avecilla.

Pepita había vuelto la cara con asco y sin remilgos; en el rostro de doña Petra había una sonrisa triste y amarga, pues en el fondo se reconocía culpable. Por *codicia,* esa codicia del pobre que se parece tanto a una virtud, no había querido ir a un teatro de los caros, y así había llegado, en su afán de economía, hasta a contentarse con el espectáculo gratuito... ¡Y el espectáculo gratuito era un hombre en camisa de once varas, imitando lúbricos movimientos y formas abultadas de mujer gorda y desnuda...!

Ausentóse de aquel sitio la honrada familia, y a los pocos pasos vio don Casto en otro barracón un letrero que decía: *"La verdadera mujer gorda, no confundirla con la de enfrente.* Entrada, 15 céntimos personas mayores. Niños y militares, perro chico." Don Casto consultó a su dignísima esposa con la mirada. Ello había que cumplir a Pepita lo ofrecido, un recreo para el espíritu, para la imaginación de la muchacha sobre todo... y aquel que se ofrecía delante de los ojos era barato... *La verdadera mujer gorda.*

Valga la verdad, el mismo matrimonio tenía ardientes deseos de ver un fenómeno. Entraron, pues, no sin dejar a la puerta 45 céntimos. La mujer gorda, vestida de pastora de los Alpes, estaba sobre el tablado, que tanto tenía de escenario como de nacimiento; en el fondo había una decoración de paisaje alpestre, cuyas montañas más altas llegaban a la mujer gorda (Mlle. Goguenard) a las rodillas. Estaba sentada en una silla de paja, y en la mano derecha tenía, en vez de cayado, una enorme tranca; la mano izquierda acariciaba en aquel momento una barba de macho cabrío que descendía por las turgencias hirsutas que revelaban de manera indudable la autenticidad del sexo.

Las candilejas de pestífero aceite estaban a media luz; el público llegaba poco a poco, y en pie todos, en semicírculo, se colocaban cerca del escenario con religioso silencio. Predominaba aquí también el elemento militar, y no faltaban cinco o seis muchachuelas de la hez del pueblo, andrajosas, que procuraban vestir sus harapos con la rigidez manolesca, y que reían y cuchicheaban y se decían al oído mil picardías que les inspiraba la presencia del monstruo.

Mlle. Goguenard hablaba en francés con una mujer de la barraca inmediata que iba a visitarla de vez en cuando. Decía, pero no lo entendía el público, ni el mismo don Casto, que el oficio era horroroso y que ya estaba cansada de aquella estupidez. Las miradas que repartía por la asamblea eran de desprecio y de cólera.

—¡*C'est bête!* ¡*C'est bête!* —repetía la mujer gorda, y gruñía moviendo la feísima cabeza.

En tanto don Casto, en voz baja, daba explicaciones a su familia, que le escuchaba, olvidada ya la vergüenza de la barraca de las falsificaciones, con ojos llenos de curiosidad, una curiosidad puramente científica. Doña Petra presentaba a su marido las más difíciles cuestiones fisiológicas y etnográficas, segura de que Avecilla lo sabía todo. Era su creencia fija: su esposo estaba al cabo de la calle de cuanto se puede saber en este mundo, y la tenía indignada que todo esto no bastara para lograr un mal ascenso en Pastos.

—Pues bien —decía don Casto—, los gigantes van desapareciendo poco a poco; pero hubo un tiempo en que ellos dominaban y tenían al mundo entero en un puño. La historia registra varios gigantes célebres, por ejemplo, Goliat, Gargantúa...

—Y el gigante chino —se atrevió a decir Pepita, interrogando con la mirada.

—Y el gigante chino —repitió su padre, que no recordaba más gigantes registrados por la historia.

—Pero esta no es gigante —objetó doña Petra, cuyo buen sentido, sin querer ella, presentaba argumentos invencibles a la sabiduría de su esposo.

—Distingo, señora mía, distingo —dijo don Casto—. No es gigante en sentido longitudinal; pero has de saber, esposa mía, de aquí en adelante, que hay tres dimensiones: longitud o largo, latitud o ancho, y profundidad o grueso... pero grueso vale tanto como gordo, luego esa señora es gigante en sentido lato, o mejor diré, en cuanto a la gordura o profundidad.

Esta vez triunfó el amo de la casa por completo.

—¡Y pensar que a este hombre no le llega el sueldo al último día del mes! —se dijo a sí misma doña Petra suspirando. Un redoble de tambor que resonó fuera anunció al público que empezaba la exposición.

—Cuarenta y ocho veces me *he ensenado* al ilustrado público, dijo la mujer gorda a su amiga. Y después de dar al aire un suspiro, acercó la silla a las candilejas y comenzó su relato en un mal español y con voz ronca y gesto displicente.

La familia de Avecilla se había colocado en primera fila, y como don Casto era a todas luces la persona de más representación y más estatura de las del teatro, a él se dirigían las miradas y las palabras de la Goguenard. Doña Petra sintió un asomo de celos. Atribuyó aquella predilección al aire de salud de su marido.

La relación de la mujer gorda era muy sencilla. No había en ella, como en la del farsante de marras, asomo de lubricidad; se trataba la cuestión de sus buenas carnes desde un punto de vista puramente antropológico. Don Casto así lo comprendió, prestándose gustoso a ser el Santo Tomás de la reunión, es decir, el testimonio vivo del concurso, mediante el sentido del tacto.

La Goguenard decía: —Señores, esta pantorrilla —y levantando la falda de color de rosa y las enaguas mostró una mole cilíndrica de carne que se transparentaba bajo media de seda calada—, esta pantorrilla ha llamado la atención de las dos Américas, de las colonias inglesas, de la India y de toda la Europa; es de carne verdadera, aquí no hay nada falso, puede palpar el señor y se convencerá de ello...

Don Casto, como dejo dicho, no tuvo inconveniente en palpar, previa una mirada de consulta a su esposa, que aprobó orgullosa y muy contenta.

Bien sabe Dios que don Casto iba a tocar aquella carne libre de todo mal pensamiento, pero fuera que su vida exageradamente casta, si en tal virtud cabe exageración, le hubiera conservado fuegos interiores ocultos, apagados generalmente en los de su edad, fuera la emoción de la notoriedad, o lo que fuera, Avecilla se puso pálido, tragó saliva y por sus ojos pasó una nube que los oscureció por un momento. Lo que sintió don Casto es un misterio, pero es lo averiguado que tardó algunos minutos en reponerse, y no sin trabajo pudo decir al numeroso público:

—¡Carne, carne y dura!

Y todos creyeron bajo la palabra de *abuelo,* como le llamó inoportunamente una chula en embrión.

Para doña Petra no pasó sin ser notada la turbación de su esposo; Pepita sintió otra vez la repugnancia de poco antes al ver a su padre palpar pantorrillas de fenómenos del *sexo débil*. Además, el espectáculo, hasta entonces compatible con el más recatado pudor, cambió de aspecto cuando dos o tres mozalbetes se acercaron a repetir la experiencia de don Casto. Como durase la prueba del tacto más de lo que parecía regular a la mujer gorda, esta levantó la tranca y amenazó con ella, diciendo a la vez a los atrevidos y concupiscentes mancebos:

—¡Fuera, canalla!... ¡Id a palpar!...

¡Y añadió horrores!

Carcajadas del cinismo, epigramas de la desvergüenza, todo el repertorio de los lupanares se cruzó entre el concurso hasta entonces comedido y la robusta pastora de los Alpes... Los Avecilla salieron a paso largo, corridos, muy disgustados, sin hablarse, y llenos de remordimientos el esposo y la esposa.

Dejaron la feria, atravesaron el Prado y subieron por la Carrera de San Jerónimo; callaban los tres. Don Casto no se conocía, renegaba de sí. Nada de aquello era digno de una rueda del Estado, de una entidad que no debe, que no puede tener pasiones vergonzosas. Y no cabía duda, a sí propio tenía que confesárselo, por más que hasta la hora de la muerte se lo ocultase a su pobre Petra: él, don Casto, la rueda, había sentido un extraño, profundo deleite, al tocar la carne dura y fresca entre las mallas de seda... Sí, esta era la verdad, la verdad desnuda.

Doña Petra subía la calle un poco amostazada, pero reprimiéndose; no quería manifestar sus recelos; no había forma decorosa de hacerlo delante de la niña.

¡La niña! Esto era lo peor. ¡Qué cosas había visto la niña! ¡Y eran ellos, sus padres, los que le habían abierto los ojos, los que habían puesto la provocación de la lascivia ante su virginal mirada!

Pepita iba un poco avergonzada. No se atrevía a mirar a su madre; temía que le conociese aquella excitación en que la tenían los repugnantes espectáculos que dejaba atrás.

En la esquina de la calle del Príncipe fue necesario hablar algo. —¿Y ahora? —se atrevió a decir doña Petra. —A donde queráis —respondió Pepita, resignada. —¿A casa? —Es temprano —dijo apenas don Casto, hablando como aquel que no tiene saliva. —¿Vamos a ver una piececita a Variedades? —Está lejos. Pues a Eslava, que está al paso. —Vamos a Eslava. —Y fueron.

Por el camino ya se habló algo, para olvidar, o procurarlo a lo menos, las escenas de los barracones. Don Casto, a quien la corbata se le iba metiendo carne adentro, aparentó jovialidad. ¡En vano! Estaban todos tres cortados, se miraban unos a otros con miedo. ¡Si algún pensamiento poco honesto, que lo dudo, había ocupado jamás a aquellos tres espíritus sencillos, no había sido ciertamente comunicado entre ellos, pues en todas sus relaciones había reinado siempre la castidad más perfecta! ¡Y ahora tenían aquel fango, aquella vergüenza en común, en la sociedad de su vida íntima! La incomodidad de esta repugnancia la sentían ellos con mucha más fuerza que yo la explico.

En Eslava les tocó ver una zarzuela llena, también, de pantorrillas y de chistes verdes. Cada alusión iba derecha a lo que guarda más el decoro del contacto de los labios. Muchas las entendía Pepita, por demasiado trasparentes; otras, a fuerza de discurrir, sin poder contener el pensamiento, lo que significarían aquellos chistes que el público recibía con carcajadas maliciosas... Acabó la zarzuela y empezó el baile.

—¡Más pantorrillas! —gritó don Casto sin poder contenerse y a punto de ser estrangulado por la corbata. Y puesto en pie, intimó a los suyos la orden de retirada.

Cogieron las mujeres sus abrigos y salieron a la calle, no sin que les acompañara el público de las alturas con ese castañeteo de la lengua con que se echa a los perros de todas partes y a los espectadores impacientes de los teatros, según moderna costumbre, menos culta que bien intencionada.

Salieron los Avecilla abochornados, llegaron a su casa, que estaba cerca, y sin hablar de las emociones de la noche, Pepita se fue a su alcoba, después de dar un beso en la frente de su padre. A su madre no se atrevió a besarla. Don Casto observó que la niña estaba agitada, descompuesta, que tropezaba con las sillas; y el color encendido, el sudor que le caía en copiosas gotas por sienes y frente, notó que le sentaban muy mal. Aquella noche su hija no era la de siempre, la tranquila hermosura que cosía a la máquina en enaguas, durante el verano, enseñando la hermosa garganta, nada más que la garganta, y alegre y sin aquellas brasas en las mejillas.

Cuando don Casto estuvo solo con su esposa, en esa hora en que los matrimonios bien avenidos y de larga vida conyugal, se acarician comunicando ideas, hablando de los hijos y de la hacienda, en esa hora, resumen del día, Avecilla miró, por fin, a Petra, cara a cara. Ella bajó los ojos, perdonando y pidiendo perdón a un mismo tiempo. Se sentía culpable de una sordidez que era una virtud necesaria para su miserable hacienda.

—¡Pobre hija mía! ¡Poco se ha divertido esta noche! —dijo el padre.

—¡Poco! —contestó la madre.

Y sin decírselo, pensaron los dos a un tiempo: —¡La hemos ultrajado!— Don Casto, exagerado en todo y amigo de la hipérbole, hasta de pensamiento, fue más allá; pensó también así: —¡La hemos prostituido!

Silencio otra vez. Doña Petra se acostó primero; volvió a rezar, porque le pareció que las oraciones de aquella tarde ya no servían, y quiso purificarse con otro rosario de coronilla. En tanto, don Casto paseaba por la sala en mangas de camisa, con los tirantes colgando, y así estuvo hasta que se le ocurrió una frase que reputó oportuna porque no decía nada y decía mucho. Mientras procuraba, maquinalmente y en vano, quitarse la corbata, mirándose al espejo, exclamó en voz alta, para que doña Petra le oyera:

—¡Lo barato es caro!

Este aforismo económico-alegórico-moral, como para sí le llamó Avecilla, no mereció respuesta ni comentarios por parte de doña Petra, sin embargo de que lo había entendido perfectamente.

—¡Acuéstate, Avecilla! —fue lo que ella dijo.

—Bien quisiera; pero, la verdad, esta maldita corbata... estos malditos resortes, esta industria transpirenaica... ¡No sé por dónde metió la niña esta punta de acero! ¡Ay!

—¿Qué es eso, Avecilla?

—Nada, un pinchazo... ¿Pero, Señor, por dónde se saca eso?... Y lo peor es que me aprieta, me ahoga... ¡Parece un remordimiento esta corbata!... ¡Puf! ¡Renuncio, renuncio!

—¡Ven acá, hombre, a ver si yo puedo!

Doña Petra tampoco pudo.

Avecilla va y viene del espejo a la cama, de la cama al espejo; ni él ni su digna Petra son capaces de encontrar el resorte de aquella condenada máquina del plastrón.

—Comprendo lo de Sedán —gruñe don Casto, dando pataditas en el suelo—. No se parece la mecánica de esta corbata a la del Estado; en la máquina pública todo es armonía, relación; aquí...

¡no hay diablos que den en el intríngulis de este artefacto!... Si por aquí, nada; si tiro de aquí, menos —y sudaba sangre el buen señor. —¡Llama a Pepita! —dijo doña Petra.

—¡No en mis días! ¡Déjala dormir en el sueño de la inocencia! —Y continuó:

—Estoy resuelto, ¡me acostaré con corbata y con camisa! ¡Yo, que no he consentido jamás que me hicieran dormir con ropa almidonada! ¡Pero, en fin, me sacrificaré! ¡Todo, antes que interrumpir el sueño de la inocencia! Porque aún será el sueño de la inocencia, ¿verdad, Petra mía?

—¡Pues claro, hombre!

Ambos esposos pensaban en lo mismo, en la pantorrilla de Mlle. Goguenard.

Don Casto se acostó sin quitarse la corbata. Apagó la luz. —Duerme —dijo a su señora. —¿Y tú? —¡Yo! ¿Quién duerme con este lazo al cuello?... ¡Soñaría que me daban garrote! —¿Pues por qué no quieres despertar a Pepita? —¡Que duerma, que duerma la inocencia... su padre vela!

Reinó el silencio en la oscuridad. Don Casto, sentado en la cama, apoyada la espalda en los almohadones, daba suspiros al viento con la fuerza de muchos fuelles. Doña Petra no suspiraba, pero tampoco dormía. Un reloj dio las dos.

—¡Si hubiéramos ido a la Zarzuela —se atrevió a decir doña Petra, como continuando una conversación entablada de espíritu a espíritu, sin necesidad de palabras, entre los cónyuges.

—¡Sí; debimos haber ido a la Zarzuela!

—Pero como tú dices que es un espectáculo *híbrido.*

—Eso es cierto, *híbrido.*

Nueva pausa. Nuevo atrevimiento de doña Petra.

—¿Y qué significa eso de *híbrido*?

—Petra —respondió el viejo, ocultando mal su enfado—, diversas y varias veces te tengo reprendido, en el tono de la más cordial amistad, ese espíritu concupiscente de preguntarlo todo. Y sobre que más pregunta un necio que responde un sabio, debo advertirte que yo no recuerdo en este momento lo que esa palabreja significa; pero ten por seguro que la zarzuela es un espectáculo *híbrido,* pues yo lo he leído en críticos famosos y a ellos me atengo. Y duerme y calla, que harto tengo yo con esta maldita corbata para martirio de esta noche, y si no fuera un absurdo en el terreno de la economía, ya habría cogido unas tijeras...

—¡Jesús, hombre! ¡Una corbata que costó tantos reales!

—¡Pues por eso digo que sería un absurdo!

Durmió doña Petra y al cabo don Casto también, y soñó que le llevaban al patíbulo, como había previsto, y que por el camino del patíbulo había tendidas mujeres gordas, entre cuyas piernas mal cubiertas tenía que pasar don Casto, pisando carne por todos lados... Doña Petra no soñó nada. A la mañana siguiente, la rueda administrativa se despertó en don Casto con grandes ansias de funcionar. Pepita, contra su costumbre, no se había levantado todavía. Avecilla se alegró en el fondo del alma. Salió muy temprano, sin hacer ruido, y como las oficinas no estarían aún abiertas, se fue al Retiro. —¡Oh! ¡La naturaleza —pensaba don Casto—, único espectáculo gratuito y moralizador! Cuando quiera que Pepita se distraiga y dé libre vuelo a su imaginación, la traeré al Retiro por la mañana, en vez de llevarla al teatro por la noche. Aquí las flores deleitan el sentido del olfato, las aves el del oído, la naturaleza entera el de la vista, las brisas el del tacto, que según aseguran los sabios, está esparcido por todo el cuerpo, y por último, podemos corrernos con un cuartillo de leche de vaca, recreo sabrosísimo del gusto, leche con bizcochos... —Y siguió perdiéndose en aquel idilio y entre las enramadas del Retiro.

Cuando entró en la oficina, ya estaban trabajando, es decir, leyendo periódicos, algunos compañeros.

—¡Hola, hola, Casto! —se permitió decirle un vejete, el único que le tuteaba—. ¡Parece que se trasnocha!... *Sero venis.* ¡Y qué cara, qué palidez, qué ojos hinchados! ¡Ah, Casto, Casto! ¡Me parece que andas en malos pasos!...

—Señores, ¿quién ha contado aquí?...

—¡Todo se sabe! —dijo el viejo con malicia, para descubrir algo.

—¡Me han visto en la barraca de la mujer gorda! —pensó Avecilla horrorizado—. ¡Pues bien, señores, juro con la mano puesta sobre el corazón, por mi honor y por los Santos Evangelios, que mi curiosidad era puramente artístico-científica! Es cierto que la pantorrilla de aquella robusta señora...

—¡Bravo, bravo, confiesa! —gritaron todos a coro.

No se le dejó proseguir; ya no pudo en su vida explicar aquellas palabras, y quedó como artículo de fe en la oficina que don Casto Avecilla era como los demás, que tenía una querida y era robusta.

—En fin, caballeros —dijo don Casto, renunciando a explicarse porque no le dejaban—, todo lo que ustedes quieran será; pero yo les ruego por caridad que alguno que entienda estas trampas de las corbatas con resorte, me libre de este dogal que me sofoca.

—¡Uf! —respiró don Casto, moviendo la cabeza, sacudido ya el ominoso yugo.

Respiró con libertad; ¡pero ay! su reputación de casto esposo, de modelo de padres de familia, había desaparecido para siempre.

¿Y su hija? Su hija... ¿había perdido la inocencia aquella noche?

Yo le diré al lector, en secreto, que no hubo tal cosa.

Pero cuando, años después, la pobre Pepita, como tantas otras, sucumbió a los pérfidos halagos del amor de infantería y fue víctima de los engaños de un subteniente, huésped de la casa, don Casto, llorando su deshonra, se atribuyó toda la culpa de tan grande infortunio...

—¡Sí, sí! —exclamaba medio loco, mesándose las venerables canas—. ¡Yo la prostituí aquella maldita noche, por no llevarla a un teatro clásico, por querer ahorrar ocho reales! ¡Lo barato es caro, lo barato es caro!... ¡Yo bien decía!

Y doña Petra, por todo consuelo, repetía cien y cien veces:

—¡Si hubiéramos ido a la Zarzuela!

Zaragoza, 1882

¡Adiós, Cordera!

¡Eran tres: siempre los tres! Rosa, Pinín y la *Cordera*.

El *prao* Somonte era un recorte triangular de terciopelo verde tendido, como una colgadura, cuesta abajo por la loma. Uno de sus ángulos, el inferior, lo despuntaba el camino de hierro de Oviedo a Gijón. Un palo del telégrafo, plantado allí como pendón de conquista, con sus *jícaras* blancas y sus alambres paralelos, a derecha e izquierda, representaba para Rosa y Pinín el ancho mundo desconocido, misterioso, temible, eternamente ignorado. Pinín, después de pensarlo mucho, cuando a fuerza de ver días y días el poste tranquilo, inofensivo, campechano, con ganas, sin duda, de aclimatarse en la aldea y parecerse todo lo posible a un árbol seco, fue atreviéndose con él, llevó la confianza al extremo de abrazarse al leño y trepar hasta cerca de los alambres. Pero nunca llegaba a tocar la porcelana de arriba, que le recordaba las *jícaras* que había visto en la rectoral de Puao. Al verse tan cerca del misterio sagrado, le acometía un pánico de respeto, y se dejaba resbalar de prisa hasta tropezar con los pies en el césped.

Rosa, menos audaz, pero más enamorada de lo desconocido, se contentaba con arrimar el oído al palo del telégrafo, y minutos, y hasta cuartos de hora, pasaba escuchando los formidables rumores metálicos que el viento arrancaba a las fibras del pino seco en contacto con el alambre. Aquellas vibraciones, a veces intensas como las del diapasón, que, aplicado al oído, parece que quema con su vertiginoso latir, eran para Rosa los *papeles* que pasaban, las *cartas* que se escribían por los *hilos,* el lenguaje incomprensible que lo ignorado hablaba con lo ignorado; ella no tenía curiosidad por entender lo que los de allá, tan lejos, decían a los del otro extremo del mundo. ¿Qué le importaba? Su interés estaba en el ruido por el ruido mismo, por su timbre y su misterio.

La *Cordera,* mucho más formal que sus compañeros, verdad es que, relativamente, de edad también mucho más madura, se abstenía de toda comunicación con el mundo civilizado, y miraba de lejos el palo del telégrafo, como lo que era para ella, efectivamente, como cosa muerta, inútil, que no le servía siquiera para rascarse. Era una vaca que había vivido mucho. Sentada horas y horas, pues, experta en pastos, sabía aprovechar el tiempo, meditaba más que comía, gozaba del placer de vivir en paz, bajo el cielo gris y tranquilo de su tierra, como quien alimenta el alma, que también tienen los brutos; y si no fuera profanación, podría decirse que los pensamientos de la vaca matrona, llena de experiencia, debían de parecerse todo lo posible a las más sosegadas y doctrinales odas de Horacio.

Asistía a los juegos de los pastorcicos encargados de *llindarla,* como una abuela. Si pudiera, se sonreiría al pensar que Rosa y Pinín tenían por misión en el prado cuidar de que ella, la *Cordera,* no se extralimitase, no se metiese por la vía del ferrocarril ni saltara a la heredad vecina. ¡Qué había de saltar! ¡Qué se había de meter!

Pastar de cuando en cuando, no mucho, cada día menos, pero con atención, sin perder el tiempo en levantar la cabeza por curiosidad necia, escogiendo sin vacilar los mejores bocados, y, después, sentarse sobre el cuarto trasero con delicia, a rumiar la vida, a gozar el deleite del no padecer, del dejarse existir: esto era lo que ella tenía que hacer, y todo lo demás aventuras peligrosas. Ya no recordaba cuándo le había picado la mosca.

"El *xatu* (el toro), los saltos locos por las praderas adelante... ¡todo eso estaba tan lejos!".

Aquella paz sólo se había turbado en los días de prueba de la inauguración del ferrocarril. La primera vez que la *Cordera* vio pasar el tren, se volvió loca. Saltó la sebe de lo más alto del Somonte, corrió por prados ajenos, y el terror duró muchos días, renovándose, más o menos violento, cada vez que la máquina asomaba por la trinchera vecina. Poco a poco se fue acostumbrando al estrépito inofensivo. Cuando llegó a convencerse de que era un peligro que pasaba, una catástrofe que amenazaba sin dar, redujo sus precauciones a ponerse en pie y a mirar de frente, con la cabeza erguida, al formidable monstruo; más adelante no hacía más que mirarle, sin levantarse, con antipatía y desconfianza; acabó por no mirar al tren siquiera.

En Pinín y Rosa la novedad del ferrocarril produjo impresiones más agradables y persistentes. Si al principio era una alegría loca, algo mezclada de miedo supersticioso, una excitación nerviosa, que les hacía prorrumpir en gritos, gestos, pantomimas descabelladas, después fue un recreo pacífico, suave, renovado varias veces al día. Tardó mucho en gastarse aquella emoción de contemplar la marcha vertiginosa, acompañada del viento, de la gran culebra de hierro, que llevaba dentro de sí tanto ruido y tantas castas de gentes desconocidas, extrañas.

Pero telégrafo, ferrocarril, todo eso, era lo de menos: un accidente pasajero que se ahogaba en el mar de soledad que rodeaba el *prao* Somonte. Desde allí no se veía vivienda humana; allí no llegaban ruidos del mundo más que al pasar el tren. Mañanas sin fin, bajo los rayos del sol a veces, entre el zumbar de los insectos, la vaca y los niños esperaban la proximidad del mediodía para volver a casa. Y luego, tardes eternas, de dulce tristeza silenciosa, en el mismo prado, hasta venir la noche, con el lucero vespertino por testigo mudo en la altura. Rodaban las nubes allá arriba, caían las sombras de los árboles y de las peñas en la loma y en la cañada, se acostaban los pájaros, empezaban a brillar algunas estrellas en lo más oscuro del cielo azul, y Pinín y Rosa, los niños gemelos, los hijos de Antón de Chinta, teñida el alma de la dulce serenidad soñadora de la solemne y seria Naturaleza, callaban horas y horas, después de sus juegos, nunca muy estrepitosos, sentados cerca de la *Cordera,* que acompañaba el augusto silencio de tarde en tarde con un blando son de perezosa esquila.

En este silencio, en esta calma inactiva, había amores. Se amaban los dos hermanos como dos mitades de un fruto verde, unidos por la misma vida, con escasa conciencia de lo que en ellos era distinto, de cuanto los separaba; amaban Pinín y Rosa a la *Cordera,* la vaca abuela, grande, amarillenta, cuyo testuz parecía una cuna. La *Cordera* recordaría a un poeta la *zavala* del Ramayana, la vaca santa; tenía en la amplitud de sus formas, en la solemne serenidad de sus pausados y nobles movimientos, aires y contornos de ídolo destronado, caído, contento con su suerte, más satisfecha con ser vaca verdadera que dios falso. La *Cordera,* hasta donde es posible adivinar estas cosas, puede decirse que también quería a los gemelos encargados de apacentarla.

Era poco expresiva; pero la paciencia con que los toleraba cuando en sus juegos ella les servía de almohada, de escondite, de montura, y para otras cosas que ideaba la fantasía de los pastores, demostraba tácitamente el afecto del animal pacífico y pensativo.

En tiempos difíciles, Pinín y Rosa habían hecho por la *Cordera* los imposibles de solicitud y cuidado. No siempre Antón de Chinta había tenido el prado Somonte. Este regalo era cosa relativamente nueva. Años atrás, la *Cordera* tenía que salir *a la gramática,* esto es, a apacentarse como podía, a la buena ventura de los caminos y callejas de las rapadas y escasas praderías del común, que tanto tenían de vía pública como de pastos. Pinín y Rosa, en tales días de penuria, la guiaban a los mejores altozanos, a los parajes más tranquilos y menos esquilmados, y la libraban de las mil injurias a que están expuestas las pobres reses que tienen que buscar su alimento en los azares de un camino.

En los días de hambre, en el establo, cuando el heno escaseaba, y el narvaso para *estrar* el lecho caliente de la vaca faltaba también, a Rosa y a Pinín debía la *Cordera* mil industrias que la hacían más suave la miseria. ¡Y qué decir de los tiempos heroicos del parto y la cría, cuando se entablaba la lucha necesaria entre el alimento y regalo de la *nación,* y el interés de los Chintos, que consistía en robar a las ubres de la pobre madre toda la leche que no fuera absolutamente indispensable para que el ternero subsistiese! Rosa y Pinín, en tal conflicto, siempre estaban de parte de la *Cor-*

dera, y en cuanto había ocasión, a escondidas, soltaban el recental, que, ciego, y como loco, a testaradas contra todo, corría a buscar el amparo de la madre, que le albergaba bajo su vientre, volviendo la cabeza agradecida y solícita, diciendo, a su manera:

—Dejad a los niños y a los recentales que vengan a mí.

Estos recuerdos, estos lazos, son de los que no se olvidan.

Añádase a todo que la *Cordera* tenía la mejor pasta de vaca sufrida del mundo. Cuando se veía emparejada bajo el yugo con cualquier compañera, fiel a la gamella, sabía someter su voluntad a la ajena, y horas y horas se la veía con la cerviz inclinada, la cabeza torcida, en incómoda postura, velando en pie mientras la pareja dormía en tierra.

* * *

Antón de Chinta comprendió que había nacido para pobre cuando palpó la imposibilidad de cumplir aquel sueño dorado suyo de tener un *corral* propio con dos yuntas por lo menos. Llegó, gracias a mil ahorros, que eran mares de sudor y purgatorios de privaciones, llegó a la primera vaca, la *Cordera,* y no pasó de ahí; antes de poder comprar la segunda se vio obligado, para pagar atrasos al *amo,* el dueño de la *casería* que llevaba en renta, a llevar al mercado a aquel pedazo de sus entrañas, la *Cordera*, el amor de sus hijos. Chinta había muerto a los dos años de tener la *Cordera* en casa. El establo y la cama del matrimonio estaban pared por medio, llamando pared a un tejido de ramas de castaño y de cañas de maíz. La Chinta, musa de la economía en aquel hogar miserable, había muerto mirando a la vaca por un boquete del destrozado tabique de ramaje, señalándola como salvación de la familia.

"Cuidadla, es vuestro sustento", parecían decir los ojos de la pobre moribunda, que murió extenuada de hambre y de trabajo.

El amor de los gemelos se había concentrado en la *Cordera;* el regazo, que tiene su cariño especial, que el padre no puede reemplazar, estaba al calor de la vaca, en el establo, y allá, en el Somonte.

Todo esto lo comprendía Antón a su manera, confusamente. De la venta necesaria no había que decir palabra a los *neños*. Un sábado de julio, al ser de día, de mal humor Antón, echó a andar hacia Gijón, llevando la *Cordera* por delante, sin más atavío que el collar de esquila. Pinín y Rosa dormían. Otros días había que despertarlos a azotes. El padre los dejó tranquilos. Al levantarse se encontraron sin la *Cordera*. "Sin duda, *mío pá* la había llevado al *xatu*". No cabía otra conjetura. Pinín y Rosa opinaban que la vaca iba de mala gana; creían ellos que no deseaba más hijos, pues todos acababa por perderlos pronto, sin saber cómo ni cuándo.

Al oscurecer, Antón y la *Cordera* entraban por la *corrada* mohínos, cansados y cubiertos de polvo. El padre no dio explicaciones, pero los hijos adivinaron el peligro.

No había vendido, porque nadie había querido llegar al precio que a él se le había puesto en la cabeza. Era excesivo: un sofisma del cariño. Pedía mucho por la vaca para que nadie se atreviese a llevársela. Los que se habían acercado a intentar fortuna se habían alejado pronto echando pestes de aquel hombre que miraba con ojos de rencor y desafío el que osaba insistir en acercarse al precio fijo en que él se abroquelaba. Hasta el último momento del mercado estuvo Antón de Chinta en el Humedal, dando plazo a la fatalidad. "No se dirá, pensaba, que yo no quiero vender: son ellos que no me pagan la *Cordera* en lo que vale". Y, por fin, suspirando, si no satisfecho, con cierto consuelo, volvió a emprender el camino por la carretera de Candás adelante, entre la confusión y el ruido de cerdos y novillos, bueyes y vacas, que los aldeanos de muchas parroquias del contorno conducían con mayor o menor trabajo, según eran de antiguo las relaciones entre dueños y bestias.

En el Natahoyo, en el cruce de dos caminos, todavía estuvo expuesto el de Chinta a quedarse sin la *Cordera;* un vecino de Carrió, que le había rondado todo el día ofreciéndole pocos duros menos de los que pedía, le dio el último ataque, algo borracho.

El de Carrió subía, subía, luchando entre la codicia y el capricho de llevar la vaca. Antón, como una roca. Llegaron a tener las manos enlazadas, parados en medio de la carretera, interrumpiendo el paso... Por fin, la codicia pudo más; el pico de los 50 los separó como un abismo; se soltaron las manos, cada cual tiró por su lado; Antón, por una calleja que, entre madreselvas que aún no florecían y zarzamoras en flor, le condujo hasta su casa.

* * *

Desde aquel día en que adivinaron el peligro, Pinín y Rosa no sosegaron. A media semana se *personó* el mayordomo en el *corral* de Antón. Era otro aldeano de la misma parroquia, de malas pulgas, cruel con los *caseros* atrasados. Antón, que no admitía reprimendas, se puso lívido ante las amenazas de desahucio.

El amo no esperaba más. Bueno, vendería la vaca a vil precio, por una merienda. Había que pagar o quedarse en la calle.

El sábado inmediato acompañó al Humedal Pinín a su padre. El niño miraba con horror a los contratistas de carnes, que eran los tiranos del mercado. La *Cordera* fue comprada en su justo precio por un rematante de Castilla. Se la hizo una señal en la piel y volvió a su establo de Puao, ya vendida, ajena, tañendo tristemente la esquila. Detrás caminaban Antón de Chinta, taciturno, y Pinín, con ojos como puños. Rosa, al saber la venta, se abrazó al testuz de la *Cordera,* que inclinaba la cabeza a las caricias como al yugo.

"¡Se iba la vieja!" —pensaba con el alma destrozada Antón el huraño.

"Ella ser, era una bestia, pero sus hijos no tenían otra madre ni otra abuela".

Aquellos días en el pasto, en la verdura del Somonte, el silencio era fúnebre. La *Cordera,* que ignoraba su suerte, descansaba y pacía como siempre, *sub specie aeternitatis,* como descansaría y comería un minuto antes de que el brutal porrazo la derribase muerta. Pero Rosa y Pinín yacían desolados, tendidos sobre la hierba, inútil en adelante. Miraban con rencor los trenes que pasaban, los alambres del telégrafo. Era aquel mundo desconocido, tan lejos de ellos por un lado, y por otro el que les llevaba su *Cordera*.

El viernes, al oscurecer, fue la despedida. Vino un encargado del rematante de Castilla por la res. Pagó; bebieron un trago Antón y el comisionado, y se sacó a la *quintana* la *Cordera*. Antón había apurado la botella; estaba exaltado; el peso del dinero en el bolsillo le animaba también. Quería aturdirse. Hablaba mucho, alababa las excelencias de la vaca. El otro sonreía, porque las alabanzas de Antón eran impertinentes. ¿Que daba la res tantos y tantos *xarros* de leche? ¿Que era noble en el yugo, fuerte con la carga? ¿Y qué, si dentro de pocos días había de estar reducida a chuletas y otros bocados suculentos? Antón no quería imaginar esto; se la figuraba viva, trabajando, sirviendo a otro labrador, olvidada de él y de sus hijos, pero viva, feliz... Pinín y Rosa, sentados sobre el montón de *cucho,* recuerdo para ellos sentimental de la *Cordera* y de los propios afanes, unidos por las manos, miraban al enemigo con ojos de espanto. En el supremo instante se arrojaron sobre su amiga; besos, abrazos: hubo de todo. No podían separarse de ella. Antón, agotada de pronto la excitación del vino, cayó como en un marasmo; cruzó los brazos, y entró en el *corral* oscuro.

Los hijos siguieron un buen trecho por la calleja, de altos setos, el triste grupo del indiferente comisionado y la *Cordera,* que iba de mala gana con un desconocido y a tales horas. Por fin, hubo que separarse. Antón, mal humorado, clamaba desde casa:

—¡Bah, bah, *neños*, acá vos digo; basta de *pamemes!* —Así gritaba de lejos el padre con voz de lágrimas.

Caía la noche; por la calleja oscura que hacían casi negra los altos setos, formando casi bóveda, se perdió el bulto de la *Cordera,* que parecía negra de lejos. Después no quedó de ella más que el *tin tan* pausado de la esquila, desvanecido con la distancia, entre los chirridos melancólicos de cigarras infinitas.

—¡Adiós, *Cordera!* —gritaba Rosa deshecha en llanto—. ¡Adiós, *Cordera* de *mío* alma!

—¡Adiós, *Cordera!* —repetía Pinín, no más sereno.

—Adiós —contestó por último, a su modo, la esquila, perdiéndose su lamento triste, resignado, entre los demás sonidos de la noche de julio en la aldea...

* * *

Al día siguiente, muy temprano, a la hora de siempre, Pinín y Rosa fueron al *prao* Somonte. Aquella soledad no lo había sido nunca para ellos, triste; aquel día, el Somonte sin la *Cordera* parecía el desierto.

De repente silbó la máquina, apareció el humo, luego el tren. En un furgón cerrado, en unas estrechas ventanas altas o respiraderos, vislumbraron los hermanos gemelos cabezas de vacas que, pasmadas, miraban por aquellos tragaluces.

—¡Adiós, *Cordera!* —gritó Rosa, adivinando allí a su amiga, a la vaca abuela.

—¡Adiós, *Cordera!* —vociferó Pinín con la misma fe, enseñando los puños al tren, que volaba camino de Castilla.

Y, llorando, repetía el rapaz, más enterado que su hermana de las picardías del mundo:

—La llevan al Matadero... Carne de vaca, para comer los señores, los curas... los indianos.

—¡Adiós, *Cordera!*

—¡Adiós, *Cordera!*

Y Rosa y Pinín miraban con rencor la vía, el telégrafo, los símbolos de aquel mundo enemigo, que les arrebataba, que les devoraba a su compañera de tantas soledades, de tantas ternuras silenciosas, para sus apetitos, para convertirla en manjares de ricos glotones...

—¡Adiós, *Cordera!*...

—¡Adiós, *Cordera!*...

* * *

Pasaron muchos años. Pinín se hizo mozo y se lo llevó el Rey. Ardía la guerra carlista. Antón de Chinta era casero de un cacique de los vencidos; no hubo influencia para declarar inútil a Pinín, que, por ser, era como un roble.

Y una tarde triste de octubre, Rosa, en el *prao* Somonte sola, esperaba el paso del tren correo de Gijón, que le llevaba a sus únicos amores, su hermano. Silbó a lo lejos la máquina, apareció el tren en la trinchera, pasó como un relámpago. Rosa, casi metida por las ruedas, pudo ver un instante en un coche de tercera multitud de cabezas de pobres quintos que gritaban, gesticulaban, saludando a los árboles, al suelo, a los campos, a toda la patria familiar, a la pequeña, que dejaban para ir a morir en las luchas fratricidas de la patria grande, al servicio de un rey de unas ideas que no conocían.

Pinín, con medio cuerpo fuera de una ventanilla, tendió los brazos a su hermana; casi se tocaron. Y Rosa pudo oír entre el estrépito de las ruedas y la gritería de los reclutas la voz distinta de su hermano, que sollozaba, exclamando, como inspirado por un recuerdo de dolor lejano:

—¡Adiós, Rosa!... ¡Adiós, *Cordera!*

—¡Adiós, Pinín! ¡Pinín de *mío* alma!...

"Allá iba, como la otra, como la vaca abuela. Se lo llevaba el mundo. Carne de vaca para los glotones, para los indianos; carne de su alma, carne de cañón para las locuras del mundo, para las ambiciones ajenas".

Entre confusiones de dolor y de ideas, pensaba así la pobre hermana viendo al tren perderse a lo lejos, silbando triste, con silbido que repercutían los castaños, las vegas y los peñascos...

¡Qué sola se quedaba! Ahora sí, ahora sí que era un desierto el *prao* Somonte.

—¡Adiós, Pinín! ¡Adiós, *Cordera!*

Con qué odio miraba Rosa la vía manchada de carbones apagados; con qué ira los alambres del telégrafo. ¡Oh! bien hacía la *Cordera* en no acercarse. Aquello era el mundo, lo desconocido, que se lo llevaba todo. Y sin pensarlo, Rosa apoyó la cabeza sobre el palo clavado como un pendón en la punta del Somonte. El viento cantaba en las entrañas del pino seco su canción metálica. Ahora ya lo comprendía Rosa. Era canción de lágrimas, de abandono, de soledad, de muerte.

En las vibraciones rápidas, como quejidos, creía oír, muy lejana, la voz que sollozaba por la vía adelante:

—¡Adiós, Rosa! ¡Adiós, *Cordera!*

La Ronca

Juana González era *otra dama joven* en la compañía de Petra Serrano, pero además era *otra* doncella de Petra, aunque de más categoría que la que oficialmente desempeñaba el cargo. Más que deberes taxativamente estipulados, obligaba a Juana, en ciertos servicios que tocaban en domésticos, su cariño, su gratitud hacia Petra, su protectora y la que la había hecho feliz casándola con Pepe Noval, un segundo galán cómico, muy pálido, muy triste en el siglo, y muy alegre, ocurrente y gracioso en las tablas.

Noval había trabajado años y años en provincias sin honra ni provecho, y cuando se vio, como en un asilo, en la famosa compañía de la corte, a que daba el tono y el crédito Petra Serrano, se creyó feliz cuanto cabía, sin ver que iba a serlo mucho más al enamorarse de Juana, conseguir su mano y encontrar, más que su media naranja, su medio piñón; porque el grupo de marido y mujer, humildes, modestos, siempre muy unidos, callados, menudillo él, delgada y no de mucho bulto ella, no podía compararse a cosa tan grande, en su género, como la naranja. En todas partes se les veía juntos, procurando ocupar entre los dos el lugar que apenas bastaría para una persona de buen tamaño; y en todo era lo mismo: comía cada cual media ración, hablaban entre los dos nada más tanto como hablaría un solo taciturno; y en lo que cabía, cada cual suplía los quehaceres del otro, llegado el caso. Así, Noval, sin descender a pormenores ridículos, era algo criado de Petra también, por seguir a su mujer.

El tiempo que Juana tenía que estar separada de su marido, procuraba estar al lado de la Serrano. En el teatro, en el cuarto de la primera dama, se veía casi siempre a su humilde compañera y casi criada, la González. La última mano al tocado de Petra siempre la daba Juana; y en cuanto no se la necesitaba iba a sentarse, casi acurrucada, en un rincón de un diván, a oír y callar, a observar, sobre todo; que era su pasión aprender en el mundo y en los libros todo lo que podía. Leía mucho, juzgaba a su manera, sentía mucho y bien; pero de todas estas gracias sólo sabía Pepe Noval, su marido, su confidente, único ser del mundo ante el cual no le daba a ella mucha vergüenza ser una mujer ingeniosa, instruida, elocuente y soñadora. A solas, en casa, se lucían el uno ante el otro; porque también Noval tenía sus habilidades: era un gran trágico y un gran cómico;

pero delante del público y de los compañeros no se atrevía a desenvolver sus facultades, que eran extrañas, que chocaban con la rutina dominante. Profesaba Noval, sin grandes teorías, una escuela de naturalidad escénica, de sinceridad patética, de jovialidad artística, que exigía, para ser apreciada, condiciones muy diferentes de las que existían en el gusto y las costumbres del público, de los autores, de los demás cómicos y de los críticos. Ni el marido de Juana tenía la pretensión de sacar a relucir su arte recóndito, ni Juana mostraba interés en que la gente se enterase de que ella era lista, ingeniosa, perspicaz, capaz de sentir y ver mucho. Las pocas veces que Noval había ensayado representar a su manera, separándose de la rutina, en que se le tenía por un galán cómico muy aceptable, había recogido sendos desengaños: ni el público ni los compañeros apreciaban ni entendían aquella clase de naturalidad en lo cómico. Noval, sin odio ni hiel, se volvía a su concha, a su humilde cáscara de actor de segunda fila. En casa se desquitaba haciendo desternillarse de risa a su mujer, o aterrándola con el Otelo de su invención y entristeciéndola con el Hamlet que él había ideado. Ella también era mejor cómica en casa que en las tablas. En el teatro y ante el mundo entero, menos ante su marido, a solas, tenía un defecto que venía a hacer de ella una lisiada del arte, una sacerdotisa *irregular* de Talía. Era el caso que, en cuanto tenía que hablar a varias personas que se dignaban callar para escucharla, a Juana se le ponía una telilla en la garganta y la voz le salía, como por un cendal, velada, tenue; una voz de modestia histérica, de un timbre singular, que tenía una especie de gracia inexplicable, para muy pocos, y que el público en general sólo apreciaba en rarísimas ocasiones. A veces el papel, en determinados momentos, se amoldaba al defecto fonético de la González, y en la sala había un rumor de sorpresa, de agrado, que el público no se quería confesar, y que despertaba leve murmullo de vergonzante admiración. Pasaba aquella ráfaga, que daba a Juana más pena que alegría, y todo volvía a su estado; la González seguía siendo una discreta actriz de las más modestas, excelente amiga, nada envidiosa, servicial, agradecida, pero casi, casi *imposibilitada* para medrar y llamar la atención de veras. Juana por sí, por sus pobres habilidades de la escena, no sentía aquel desvío, aquel menosprecio compasivo; pero en cuanto al desdén con que se miraba el arte de su marido, era otra cosa. En silencio, sin decírselo a él siquiera, la González sentía como una espina la ceguera del público, que, por rutina, era injusto con Noval; por no ser lince.

* * *

Una noche entró en el cuarto de la Serrano el crítico a quien Juana, a sus solas, consideraba como el único que sabía comprender y sentir lo bueno y mirar su oficio con toda la honradez escrupulosa que requiere. Era don Ramón Baluarte, que frisaba en los 45, uno de los pocos ídolos literarios a quien Juana tributaba culto secreto, tan secreto, que ni siquiera sabía de él su marido. Juana había descubierto en Baluarte la absoluta sinceridad literaria, que consiste en identificar nuestra moralidad con nuestra pluma, gracia suprema que supone el verdadero dominio del arte, cuando este es reflexivo, o un candor primitivo, que sólo tuvo la poesía cuando todavía no era cosa de literatura. No escandalizar jamás, no mentir jamás, no engañarse ni engañar a los demás, tenía que ser el lema de aquella sinceridad literaria que tan pocos consiguen y que los más ni siquiera procuran. Baluarte, con tales condiciones, que Juana había adivinado a fuerza de admiración, tenía pocos amigos verdaderos, aunque sí muchos admiradores, no pocos envidiosos e infinitos partidarios, por temor a su imparcialidad terrible. Aquella imparcialidad había sido negada, combatida, hasta vituperada, pero se había ido imponiendo; en el fondo, todos creían en ella y la acataban de grado o por fuerza: esta era la gran ventaja de Baluarte; otros le habían superado en ciencia, en habilidad de estilo, en amenidad y original inventiva; pero los juicios de don Ramón continuaban siendo los definitivos. Aparentemente se le hacía poco caso; no era académico, ni figuraba en la lista de eminencias que suelen tener estereotipadas los periódicos, y, a pesar de todo, su voto era el de más calidad para todos.

Iba poco a los teatros, y rara vez entraba en los saloncillos y en los cuartos de los cómicos. No le gustaban cierta clase de intimidades, que haría dificilísima su tarea infalible de justiciero. Todo esto encantaba a Juana, que le oía como a un oráculo, que devoraba sus artículos... y que nunca había hablado con él, de miedo, por no encontrar nada digno de que lo oyera aquel señor. Baluarte, que visitaba a la Serrano más que a otros artistas, porque era una de las pocas *eminencias* del teatro a quien tenía en mucho y a quien elogiaba con la conciencia tranquila, Baluarte jamás se había fijado en aquella joven que oía, siempre callada, desde un rincón del cuarto, ocupando el menor espacio posible.

La noche de que se trata, don Ramón entró muy alegre, más decidor que otras veces, y apretó con efusión la mano que Petra, radiante de expresión y alegría, le tendió en busca de una enhorabuena que iba a estimar mucho más que todos los regalos que tenía esparcidos sobre las mesas de la sala contigua.

—Muy bien, Petrica, muy bien; de veras bien. Se ha querido usted lucir en su beneficio. Eso es naturalidad, fuerza, frescura, gracia, vida; muy bien.

No dijo más Baluarte. Pero bastante era. Petra no veía su imagen en el espejo, de puro orgullo; de orgullo no, de vanidad, casi convertida de vicio en virtud por el agradecimiento. No había que esperar más elogios; don Ramón no se repetía; pero la Serrano se puso a rumiar despacio lo que había oído.

A poco rato, don Ramón añadió:

—¡Ah! Pero entendámonos; no es usted sola quien está de enhorabuena: he visto ahí un muchacho, uno pequeño, muy modesto, el que tiene con usted aquella escena incidental de la limosna...

—Pepito, Pepe Noval...

—No sé cómo se llama. Ha estado admirable. Me ha hecho ver todo un teatro como debía haberlo y no lo hay... El chico tal vez no sabrá lo que hizo..., pero estuvo de veras inspirado. Se le aplaudió, pero fue poco. ¡Oh! Cosa soberbia. Como no le echen a perder con elogios tontos y malos ejemplos, ese chico tal vez sea una maravilla...

Petra, a quien la alegría deslumbraba de modo que la hacía buena y no la dejaba sentir la envidia, se volvió sonriente hacia el rincón de Juana, que estaba como la grana, con la mirada extática, fija en don Ramón Baluarte.

—Ya lo oyes, Juana; y cuenta que el señor Baluarte no adula.

—¿Esta señorita?...

—Esta señora es la esposa de Pepito Noval, a quien usted tan justamente elogia.

Don Ramón se puso algo encarnado, temeroso de que se creyera en un ardid suyo para halagar vanidades. Miró a Juana, y dijo con voz algo seca:

—He dicho la pura verdad.

Juana sintió mucho, después, no haber podido dar las gracias.

Pero, amigo, la ronquera ordinaria se había convertido en afonía.

No le salía la voz de la garganta. Pensó, de puro agradecida y entusiasmada, algo así como aquello de "Hágase en mí según tu palabra"; pero decir, no dijo nada. Se inclinó, se puso pálida, saludó muy a lo zurdo; por poco se cae del diván... Murmuró no se sabe qué gorjeos roncos...; pero lo que se llama hablar, ni pizca. ¡*Su* don Ramón, el de sus idolatrías solitarias de lectora, admirando a su Pepe, a su marido de su alma! ¿Había felicidad mayor posible? No, no la había.

Baluarte, en noches posteriores, reparó varias veces en un joven que entre bastidores le saludaba y sonreía como adorándole: era Pepe Noval, a quien su mujer se lo había contado todo. El chico sintió el mismo placer que su esposa, más el incomunicable del amor propio satisfecho; pero tampoco dio las gracias al crítico, porque le pareció una impertinencia. ¡Buena falta le hace a Baluarte, pensaba él, mi agradecimiento! Además, le tenía miedo. Saludarle, adorarle al paso, bien; pero hablarle, ¡quia!

* * *

Murió Pepe Noval de viruelas, y su viuda se retiró del teatro, creyendo que para lo poco que habría de vivir, faltándole Pepe, le bastaba con sus mezquinos ahorrillos. Pero no fue así; la vida, aunque tristísima, se prolongaba; el hambre venía, y hubo que volver al trabajo. Pero ¡cuán otra volvió! El dolor, la tristeza, la soledad, habían impreso en el rostro, en los gestos, en el ademán, y hasta en toda la figura de aquella mujer, la solemne pátina de la pena moral, invencible, como fatal, trágica; sus atractivos de modesta y taciturna, se mezclaban ahora en graciosa armonía con este reflejo exterior y melancólico de las amarguras de su alma. Parecía, además, como que todo su talento se había trasladado a la acción; parecía también que había heredado la habilidad recóndita de su marido. La voz era la misma de siempre. Por eso el público, que al verla ahora al lado de Petra Serrano otra vez se fijó más, y desde luego, en Juana González, empezó a llamarla y aún a alabarla con este apodo: *La Ronca*. *La Ronca* fue en adelante para público, actores y críticos. Aquella voz velada, en los momentos de pasión concentrada, como pudorosa, era de efecto mágico; en las circunstancias ordinarias constituía un defecto que tenía cierta gracia, pero un defecto. A la pobre le faltaba el *pito,* decían los compañeros en la jerga brutal de bastidores.

Don Ramón Baluarte fue desde luego el principal mantenedor del gran mérito que había mostrado Juana en su segunda época. Ella se lo agradeció como él no podía sospechar: en el corazón de la sentimental y noble viuda, la gratitud al hombre admirado, que había sabido admirar a su vez al pobre Noval, al adorado esposo perdido, tal gratitud, fue en adelante una especie de monumento que ella conservaba, y al pie del cual velaba, consagrándole al recuerdo del cómico ya olvidado por el mundo. Juana, en secreto, pagaba a Baluarte el bien que le había hecho leyendo mucho sus obras, pensando sobre ellas, llorando sobre ellas, viviendo según el espíritu de una especie de *evangelismo* estético, que se desprendía, como un aroma, de las doctrinas y de las frases del crítico artista, del crítico apóstol. Se hablaron, se trataron; fueron amigos. La Serrano los miraba y se sonreía; estaba enterada; conocía el entusiasmo de Juana por Baluarte; un entusiasmo que, en su opinión, iba mucho más lejos de lo que sospechaba Juana misma... Si al principio los triunfos de la González la alarmaron un poco, ella, que también progresaba, que también aprendía, no tardó mucho en tranquilizarse; y de aquí que, si la envidia había nacido en su alma, se había secado con un desinfectante prodigioso: el amor propio, la vanidad satisfecha; Juana, pensaba Petra, siempre tendrá la irremediable inferioridad de la voz, siempre será *La Ronca;* el capricho, el alambicamiento podrán encontrar gracia a ratos en ese defecto..., pero es una placa resquebrajada, suena mal, no me igualará nunca.

En tanto la González procuraba aprender, progresar; quería subir mucho en el arte, para desagraviar en su persona a su marido olvidado; seguía las huellas de su ejemplo; ponía en práctica las doctrinas ocultas de Pepe, y además se esmeraba en seguir los consejos de Baluarte, de su ídolo estético; y por agradarle a él lo hacía todo; y hasta que llegaba la hora de su juicio, no venía para Juana el momento de la recompensa que merecían sus esfuerzos y su talento. En esta vida llegó a sentirse hasta feliz, con un poco de remordimiento. En su alma juntaba el amor del muerto, el amor del arte y el amor del maestro amigo. Verle casi todas las noches, oírle de tarde en tarde una frase de elogio, de animación, ¡qué dicha!

* * *

Una noche se trataba con toda solemnidad en el saloncillo de la Serrano la ardua cuestión de quiénes debían ser los pocos artistas del teatro Español a quien el Gobierno había de designar para representar dignamente nuestra escena en una especie de certamen teatral que celebraba una gran corte extranjera. Había que escoger con mucho cuidado; no habían de ir más que las eminencias que fuera de España pudieran parecerlo también. Baluarte era el designado por el ministro de Fomento para la elección, aunque oficialmente la cosa parecía encargada a una Comisión de varios. En realidad, Baluarte era el árbitro. De esto se trataba; en otra compañía ya había escogido; ahora había que escoger en la de Petra.

Se había convenido ya, es claro, en que iría al certamen, exposición o lo que fuese, Petra Serrano. Baluarte, en pocas palabras, dio a entender la sinceridad con que proclamaba el sólido mérito de la actriz ilustre. Después, no con tanta facilidad, se decidió que la acompañara Fernando, galán joven que a su lado se había hecho eminente de veras. En el saloncillo estaban las principales partes de la compañía, Baluarte y otros dos o tres literatos, íntimos de la *casa*. Hubo un momento de silencio embarazoso. En el rincón de siempre, de antaño, Juana González, como en capilla, con la frente humillada, ardiendo de ansiedad, esperaba una sentencia en palabras o en una preterición dolorosa. "¡Baluarte no se acordaba de ella!". Los ojos de Petra brillaban con el sublime y satánico esplendor del egoísmo en el paroxismo. Pero callaba. Un infame, un envidioso, un *cómico* envidioso, se atrevió a decir:

—Y... ¿no va *La Ronca*?

Baluarte, sin miedo, tranquilo, sin vacilar, como si en el mundo no hubiera más que una balanza y una espada, y no hubiera corazones, ni amor propio, ni nervios de artista, dijo al punto, con el tono más natural y sencillo:

—¿Quién, Juanita? No; Juana ya sabe donde llega su mérito. Su talento es grande, pero... no es a propósito para el empeño de que se trata. No puede ir más que lo primero de lo primero.

Y sonriendo, añadió:

—Esa voz que a mí me encanta muchas veces..., en arte, en puro arte, en arte de exposición, de rivalidad, la perjudica. Lo absoluto es lo absoluto.

No se habló más. El silencio se hizo insoportable, y se disolvió la reunión. Todos comprendieron que allí, con la apariencia más tranquila, había pasado algo grave.

Quedaron solos Petra y Baluarte. Juana había desaparecido. La Serrano, radiante, llena de gratitud por aquel triunfo, que sólo se podía deber a un Baluarte, le dijo, por ver si le hacía feliz también halagando su vanidad:

—¡Buena la ha hecho usted! Estos *sacerdotes* de la crítica son implacables. Pero criatura, ¿usted no sabe que le ha dado un golpe mortal a la pobre Juana? ¿No sabe usted... que ese desaire... la mata?

Y volviéndose al crítico con ojos de pasión, y tocándole casi el rostro con el suyo, añadió con misterio:

—¿Usted no sabe, no ha comprendido que Juana está enamorada..., loca..., perdida por su Baluarte, por su ídolo; que todas las noches duerme con un libro de usted entre sus manos; que le adora?

* * *

Al día siguiente se supo que *La Ronca* había salido de Madrid, dejando la compañía, dejándolo todo. No se la volvió a ver en un teatro hasta que años después el hambre la echó otra vez a los de provincias, como echa al lobo a poblado en el invierno.

Don Ramón Baluarte era un hombre que había nacido para el amor, y envejecía soltero, porque nunca le había amado una mujer como él quería ser amado. El corazón le dijo entonces que la mujer que le amaba como él quería era *La Ronca,* la de la fuga. ¡A buena hora!

Y decía suspirando el crítico al acostarse:

—¡El demonio del *sacerdocio!*

La rosa de oro

Una vez era un Papa que a los 80 años tenía la tez como una virgen rubia de 20, los ojos azules y dulces con toda la juventud del amor eterno, y las manos pequeñas, de afiladísimos dedos, de uñas sonrosadas, como las de un niño en estatua de Paros, esculpida por un escultor griego. Estas manos, que jamás habían intervenido en un pecado, las juntaba por hábito en cuanto se distraía, uniéndolas por las palmas, y acercándolas al pecho como santo bizantino. Como un santo bizantino en pintura, llevaba la vida este Papa esmaltada en oro, pues el mundo que le rodeaba era materia preciosa para él, por ser obra de Dios. El tiempo y el espacio parecíanle sagrados, y como eran hieráticas sus humildes actitudes y posturas, lo eran los actos suyos de cada día, movidos siempre por regla invariable de piadosa humildad, de pureza trasparente. Aborrecía el pecado por lo que tenía de mancha, de profanación de la santidad de lo creado. Sus virtudes eran pulcritud.

Cuando supo que le habían elegido para sucesor de San Pedro, se desmayó. Se desmayó en el jardín de su palacio de obispo, en una diócesis italiana, entre ciudad y aldea, en cuyas campiñas todo hablaba de Cristo y de Virgilio.

Como si fuera pecado suyo, de orgullo, tenía una especie de remordimiento el ver su humildad sincera elevada al honor más alto. "¿Qué habrán visto en mí, se decía? ¿Con qué engaño les habrá atraído mi vanidad para hacerles poner en mí los ojos?". Y sólo pensando que el verdadero pecado estaría en suponer engañados a los que le habían escogido, se decidía, por obediencia y fe, a no considerarse indigno de la supremacía.

Para este Papa no había parientes, ni amigos, ni grandes de la tierra, ni intrigas palatinas, ni seducción del poder; gobernaba con la justicia como con una luz, como con una fuente: hacía justicia iluminándolo todo, lavándolo todo. No había de haber manchas no había de haber oscuridades.

Comía legumbres y fruta: bebía agua con azúcar y un poco de canela. Pero amaba el oro. Amaba el oro por lo que se parecía al sol; por sus reflejos, por su pureza. El oro le parecía la imagen de la virtud. Perseguía terriblemente la simonía, la avaricia del clero, más que por el pecado, que por sí mismas eran, porque el oro guardado en monedas, escondido, se les robaba a los santos del altar, al *Sacramento,* a los vasos sagrados, a los ornamentos y a las vestiduras de los ministros del Señor. El oro era el color de la Iglesia. En cálices, patenas, custodias, incensarios, casullas, capas pluviales, mitras, paños del altar, y mantos de la Virgen, y molduras del tabernáculo, y aureolas de los santos, debían emplearse los resplandores del metal precioso; y el usarlo para vender y comprar cosas profanas, miserias y vicios de los hombres, le parecía terrible profanación, un robo al culto.

El Papa era, sin saberlo, porque entonces no se llamaban así, un socialista más, un soñador utopista que no quería que hubiese dinero: sus bienes, sus servicios, los hombres debían cambiarlos por caridad y sin moneda.

La moneda debía fundirse, llevarse en arroyo ardiente de oro líquido a los pies del Padre Santo, para que este lo distribuyera entre todos los obispos del mundo, que lo emplearían en dorar el culto, en iluminar con sus rayos amarillos el templo y sus imágenes y sus ministros. "Dad el oro a la Iglesia y quedaos con la caridad", predicaba. Y el santo bizantino que comía legumbres y bebía agua con canela, atraía a sus manos puras, sin pecado, toda la riqueza que podía, no por medios prohibidos, sino por la persuasión, por la solicitud en procurar las donaciones piadosas, cobrando los derechos de la Iglesia sin usura ni simonía, pero sin mengua, sin perdonar nada; porque la ambición oculta del Pontífice era acabar con el dinero y convertirlo en cosa sagrada.

Y porque no se dijera que quería el oro para sí, sólo para su Iglesia, repartía los objetos preciosos que hacía fabricar a los cuatro vientos de la cristiandad, regalando a los príncipes, a las iglesias y monasterios, y a las damas ilustres por su piedad y alcurnia, riquísimas preseas, que él bendecía, y cuya confección había presidido como artista enamorado del vil metal, en cuanto material de las artes.

Al comenzar el año, enviaba a los altos dignatarios, a los príncipes ilustres, sombreros y capas de honor; cuando nombraba un cardenal, le regalaba el correspondiente anillo de oro puro y bien macizo; mas su mayor delicia, en punto a esta liberalidad, consistía en bendecir, antes de las Pascuas, el domingo de *Letare,* el domingo de las *Rosas,* las de oro, cuajadas de piedras ricas, que, montadas en tallos de oro también, dirigía, con sendas embajadas, a las reinas y otras damas ilustres, a las iglesias predilectas y a las ciudades amigas. Tampoco de los guerreros cristianos se olvidaba, y el buen pastor enviaba a los ilustres caudillos de la fe, estandartes bordados, que ostentaban, con riquísimos destellos de oro, las armas de la Iglesia y las del Papa, la efigie de algún santo.

La única pena que tenía el Papa, a veces, al desprenderse de estas riquezas, de tantas joyas, era el considerar que acaso, acaso, iban a parar a manos indignas, a hombres y mujeres cuyo contacto mancharía la pureza del oro.

¡Las rosas de oro, sobre todo! Cada vez que se separaba de una de estas maravillas del arte florentino, suspiraba pensando que las grandezas de la cuna, el oro de la cuna, no siempre servían para inspirar a los corazones femeniles la pureza del oro.

"¡En fin, la diplomacia...!", exclamaba el Papa, volviendo a suspirar, y despidiéndose con una mirada larga y triste del amarillo foco de luz, sol con manchas de topacios y esmeraldas que imitaban un rocío.

Y a sus solas, con cierta comezón en la conciencia, se decía, dando vueltas en su lecho de anacoreta:

"¡En rigor, el oro tal vez debiera ser nada más para el *Santísimo Sacramento!*".

* * *

Una tarde de abril se paseaba el Papa, como solía siempre que hacía bueno, por su *jardín* del Vaticano, un rincón de verdura que él había escogido, apoyado en el brazo de su familiar predilecto, un joven a quien prefería, sólo porque en muchos años de trato no le había encontrado idea ni acción pecaminosa, al menos en materia grave. Iba ya a retirarse, porque sentía frío, cuando se le acercó el jardinero, anciano que se le parecía, con un ramo de florecillas en la mano. Era la ofrenda de cada día.

El jardinero, de las flores que daba la estación, que daba el día, presentaba al Padre Santo las más frescas y alegres cada tarde que bajaba a *su jardín* el amo querido y venerado. Después el Papa depositaba las flores en su capilla, ante una imagen de la Virgen.

—Tarde te presentas hoy, Bernardino —dijo el Pontífice al tomar las flores.

—¡Señor, temía la presencia de Vuestra Santidad... porque... tal vez he pecado!

—¿Qué es ello?

—Que por débil, ante lágrimas y súplicas, contra las órdenes que tengo... he permitido que entrase en los jardines una extranjera, una joven que escondida, de rodillas, detrás, detrás de aquellos árboles, espía al Padre Santo, le contempla, y yo creo que le adora, llorando en silencio.

—¡Una mujer aquí!

—Pidióme el secreto, pero no quiero dos pecados; confieso el primero; descargo mi conciencia... Allí está, detrás de aquella espesura... es hermosa, de unos 20 años; viste el traje de las Oblatas, que creo que la han acogido, y viene de muy lejos... de Alemania creo...

—Pero, ¿qué quiere esa niña? ¿No sabe que hay modo de verme y hablarme... de otra manera?

—Sí; pero es el caso... que no se atreve. Dice que a Vuestra Santidad la recomienda en un pergamino, que guarda en el pecho, nada menos que la santa matrona romana que toda la ciudad venera; mas la niña no se atreve con vuestra presencia, y segura de su irremediable cobardía, dice que enviará a Vuestra Santidad, por tercera persona, un sagrado objeto que se os ha de entregar, Beatísimo Padre, sin falta. "Yo me vuelvo a mi tierra —me dijo— sin osar mirarle cara a cara, sin osar hablarle, ni oírle... sin implorar mi perdón... Pero lo que es de lejos... a hurtadillas... no quisiera morir sin verle. Su presencia lejana sería una bendición para mi espíritu". Y desde allí mira la Santidad de vuestra persona.

Y el jardinero se puso de rodillas, implorando el perdón de su imprudencia.

No le vio siquiera el Papa, que, volviéndose a Esteban, su familiar, le dijo: "Ve, acércate con suavidad y buen talante a esa pobre criatura; haz que salga de su escondite y que venga a verme y a hablarme. Por ella y por quien la recomienda, me interesa la aventura".

A poco, una doncella rubia y pálida, disfrazando mal su hermosura con el traje triste y oscuro que le vistieran las Oblatas, estaba a los pies del Pontífice, empeñada en besarle los pies y limpiarle el polvo de las sandalias, con el oro de sus cabellos, que parecían como ola dorada por el sol que se ponía.

Sin aludir a la imprudencia inocente de la emboscada, por no turbarla más que estaba, el Papa dijo con suavísima voz, entrando desde luego en materia:

—Levántate, pobre niña, y dime qué es lo que me traes de tu Alemania, que estando en tus manos, puede ser tan sagrado como cuentas.

—Señor, traigo una *rosa de oro.*

* * *

María Blumengold, en la capilla del Papa, ante la Virgen, de rodillas, sin levantar la mirada del pavimento, confesaba aquella misma tarde, ya casi de noche, la historia de su pecado al Sumo Pontífice, que la oía arrimado al altar, sonriendo, y con las manos, unidas por las palmas, apretadas al pecho.

En la iglesia de San Mauricio y de Santa María Magdalena, en Hall, guardábase, como un tesoro que era, una *rosa de oro (gemacht vonn golde,* dice un antiguo código) regalo de León X *(Herr Leo... der zehnde Babst dess nahamens...).* Jamás había visto María aquella joya, pues en su idea éralo, y digna de la Santísima Virgen.

Vivía ella, humilde aldeana, en los alrededores de Hall, y tenía un novio sin más defecto que quererla demasiado y de manera que el cura del lugar aseguraba ser idolatría; y aun los padres de María se quejaban de lo mismo. María, al verle embebecido contemplándola, besándola el delantal en cuanto ella se distraía, de rodillas a veces y con las manos en cruz, o como las tenía casi siempre el mismo Papa, sentía grandes remordimientos y grandes delicias. ¡Qué no hubiera dado ella porque su novio no la adorase así! Pero imposible corregirle. ¿Qué castigo se le podía aplicar, como no fuera abandonarle?, y esto no podía ser.

Se hubiera muerto. Pero el cura y los padres llegaron a ver tan loco de amor al muchacho, que barruntaron un peligro en el exceso de su cariño, y el cura acabó por notar una herejía. Todos ellos se opusieron a la boda; negósele a María permiso para hablar con su adorador; y por ser ella obediente, él, despechado, huyó del pueblo, aborreciendo a los que le impedían arrodillarse delante de su ídolo, y jurando profanarlo todo, puesto que no se le permitía a su corazón el culto de sus amores. Pasó a Bohemia, donde la casualidad le hizo tropezar con otros aldeanos, como él, furiosos contra la Iglesia, los cuales por causas mezcladas de religión y política se sublevaban contra las autoridades y eran perseguidos y se vengaban como y cuando podían. Pasaron años. A María le faltó su madre, y su padre enfermo, desvalido, vivía de lo que su hija ganaba vendiendo leche y legumbres, lavando ropa, hilando de noche. Y una tarde, cuando el hambre y la pena le arrancaban lágrimas, en el huerto contiguo a su choza, junto al pozo, donde en otro tiempo mejor tenían sus citas, se le apareció su Guillermo, que así se llamaba el amante. Venía fugitivo; le perseguían; para una guerra sin cuartel le esperaban allá lejos, muy lejos; pero había hecho un voto, un voto a la imagen que él adoraba, que era ella, su María; herido en campaña, próximo a morir, había jurado presentarse a su novia, desafiando todos los peligros, si la vida no se le escapaba en aquel trance. Y había de venir con una rica ofrenda. Y allí estaba por un momento, para huir otra vez, para salvar la vida y volver un día vencedor a buscar a su amada y hacerla suya, pesare a quien pesare. La ofrenda es esta, dijo, mostrando una caja de metal, larga y estrecha.

—No abras la caja hasta que yo me ausente, y tenla siempre oculta. No me preguntes cómo gané ese tesoro; es mío, es tuyo. Tú lo mereces todo, yo... bien merecí ganarlo por el esfuerzo de mi valor y por la fuerza con que te quiero. Huyó Guillermo; María abrió la caja al otro día, a solas en su alcoba, y vio dentro... una *rosa de oro* con piedras preciosas en los pétalos, como gotas de rocío, y con tallo de oro macizo también. Una piedra de aquellas estaba casi desprendida de la hoja sobre que brillaba; un golpe muy pequeño la haría caer. El padre de la infeliz lavandera nada supo. María no acertaba a explicarse, ni la procedencia, ni el valor de aquel tesoro, ni lo que debía hacer con él para obrar en conciencia. ¿Sería un robo? Le pareció pecado pensar de su amante tal cosa. Pasó tiempo, y un día recibió la joven una carta que le entregó un viajero. Guillermo le decía en ella que tardaría en volver, que iba cada vez más lejos, huyendo de enemigos vencedores y de la miseria, a buscar fortuna. Que si en tanto, añadía, ella carecía de algo, si la necesidad la apuraba, vendiera las piedras de la rosa, que le darían bastante para vivir... "Pero si la necesidad no te rinde, no la toques; guárdala como te la di, por ser ofrenda de mi amor". Y el hambre, sí, apuraba; el padre se moría, la miseria precipitaba la desgracia; iba a quedarse sola en el mundo. Trabajaba más y más la pobre María, hasta consumirse, hasta matar el sueño; pero no tocaba a la flor. La piedra preciosa que se meneaba sobre el pétalo de oro al menor choque, parecía invitarla a desgajarla por completo, y a utilizarla para dar caldo al padre, y un lecho y un abrigo... Pero María no tocaba a la rosa más que para besarla. El oro, las piedras ricas, allí no eran riqueza, no eran más que una señal del amor. Y en los días de más angustia, de más hambre, pasó por la aldea un peregrino, el cual entregó a la niña otro pliego. Venía de Jerusalén, donde había muerto penitente el infeliz Guillermo, que acosado por mil desgracias, horrorizado por su crimen, confesaba a su amada que aquella *rosa de oro* era el fruto de un horrible sacrilegio. Un ladrón la había robado a la iglesia de San Mauricio, de Hall; y él, Guillermo, que encontró a ese ladrón, cuando iba por el mundo buscando una ofrenda para su ídolo humano, para ella, había adquirido la *rosa* de manos del infame a cambio de salvarle la vida. Y terminaba Guillermo pidiendo a su amada que para librarle del infierno, que por tanto amarla a ella había merecido, cumpliera la promesa que él desde Jerusalén hacía al Señor agraviado: había de ir María hasta Roma y a pie, en peregrinación austera, a dejar la *rosa de oro* en poder del Padre Santo para que otra vez la bendijera, si estaba profanada, y la restituyera, si lo creía justo, a la iglesia de San Mauricio y de Santa María Magdalena.

—Mientras viviera mi padre enfermo, la peregrinación era imposible. Yo no podía abandonarle. Para la *rosa de oro* hice, en tanto, en mi propia alcoba, una especie de altarito oculto tras una cortina. Por no profanar con mi presencia aquel santuario, procuré que mi alma y mi cuerpo fuesen cada día menos indignos de vivir allí; cada día más puros, más semejantes a lo santo. Un día en que la miseria era horrible, los dolores de mi enfermo intolerables, un *físico,* un sabio, brujo, o no sé qué, llegó a mi puerta, reconoció la enfermedad y me ofreció un remedio para mi triste padre, para aliviarle los dolores y dejarle casi sano. ¡Con qué no compraría yo la salud, o por lo menos el reposo de aquel anciano querido, que fijos los ojos en mí, sin habla, me pedía con tanto derecho consuelos, ayuda, como los que tantas veces le había debido yo en mi niñez! La medicina era cara, muy cara; como que, según decía el médico extranjero, se hacía con oro y con mezclas de materias sutiles y delicadas, que escaseaban tanto en el mundo que valían como piedras preciosas.

"Yo no doy de balde mis drogas —decía, a solas él y yo—. O lo pagas a su precio, y no tendrás con qué... o lo pagas con tus labios, que te haré la caridad de estimar como el oro y las piedras finas". Dejar a mi padre morir padeciendo infinito, imposible... Me acordé de la piedra que por sí sola se desprendía de la *rosa de oro*... Me acordé de mi virtud... de mi pureza, que también se me antojaba cosa de Dios, y bien agarrada a mi alma, piedra preciosa que no se desprendía... Me acordé de mi madre, de Guillermo que había muerto, tal vez condenado, sin gozar del beso que el diabólico médico me pedía...

—Y... ¿qué hiciste? —preguntó el Papa inclinando la cabeza sobre María Blumengold. Ya no sonreía Su Santidad; le temblaban los labios. La ansiedad se le asomaba a los dulces ojos azules—. ¿Qué hiciste?... ¿Un sacrilegio?

—Le di un beso al demonio.

—Sí... sería el demonio.

Hubo un silencio. El Papa volvió la mirada a la Virgen del altar suspirando y murmuró algo en latín. María lloraba; pero como si con su confesión se hubiese librado de un peso la purísima frente, ahora miraba al Papa cara a cara, humilde, pero sin miedo.

—Un beso —dijo el sucesor de Pedro—. Pero... ¿qué es... un beso? ¡Habla claro!

—Nada más que un beso.

—Entonces... no era el diablo.

El Papa dio a besar su mano a María, la bendijo, y al despedirla, habló así:

—Mañana irá a las Oblatas mi querido Sebastián a recoger la *rosa de oro*... y a llevarte el viático necesario para que vuelvas a tu tierra. Y... ¿vive tu padre? ¿Le curó aquel *físico*?

—Vive mi padre, pero impedido. Durante mi ausencia le cuida una vecina, pues hoy ya no exige su enfermedad que yo le asista sin cesar como antes.

—Bueno. Pensaremos también en tu padre.

Al día siguiente el Papa tenía en su poder la *rosa de oro* de la iglesia de San Mauricio y Santa María Magdalena, de Hall, y María Blumengold volvía a su tierra con una abundante limosna del Pontífice.

* * *

Cuando llegó la Pascua de aquel año la diplomacia se puso en movimiento, a fin de que la *rosa de oro* fuera esta vez para una famosa reina de Occidente, de quien se sabía que era una Mesalina devota, fanática, capaz de quemar a todos sus vasallos por herejes, si se oponían a sus caprichos amorosos o a los mandatos del obispo que la confesaba.

Por penuria del tesoro pontificio o por piadosa malicia del Papa, aquel año no se había fabricado rosa alguna del metal precioso. El apuro era grande; el rey de Occidente, poderoso, se daba por desairado, por injuriado, si su esposa no obtenía el regalo del Pontífice. ¿Qué hacer?

El Papa, muy asustado, confesó que tenía una *rosa de oro,* antigua, de origen misterioso. La reina devota y lúbrica contó con ella.

Pero llegó el domingo de *Letare* y no se bendijo rosa alguna. Porque aquella noche el Papa lo había pensado mejor, y sucediera lo que Dios fuera servido, se negaba a regalar la *rosa de oro* que María Blumengold había guardado, como santo depósito, a una Mesalina hipócrita, devota y fanática, que no se libraría del infierno por tostar a los herejes de su reino.

Lo que hizo el Papa fue despertar muy temprano, y al ser de día, despachar en secreto al familiar predilecto, camino de Hall, con el encargo, no de restituir a la iglesia de San Mauricio la rica presea mística, sino con el de buscar por los alrededores de la ciudad la choza humilde de María y entregarle, de parte del Sumo Pontífice, la *rosa de oro*.

Y el Papa, a solas, si el remordimiento quería asaltarle, se decía, sacudiendo la cabeza:

—Dama por dama, para Dios y para mí es mujer más ilustre María, la acogida de las Oblatas, que esa reina de Occidente. Por esta vez perdone la diplomacia.

Ya saben los habitantes de Hall por qué les falta la *rosa de oro,* regalo de León X a la iglesia de San Mauricio y de Santa María Magdalena.

Boroña

En la carretera de la costa, en el trayecto de Gijón a Avilés, casi a mitad de camino, entre ambas florecientes villas, se detuvo el coche de carrera, al salir del bosque de la Voz, en la estrechez de una vega muy pintoresca, mullida con infinita hojarasca de castaños y robles, pinos y nogales, con los naturales tapices de la honda pradería de terciopelo verde oscuro, que desciende hasta refrescar sus lindes en un arroyo que busca deprisa y alborotando el cauce del Aboño. Era una tarde de agosto, muy calurosa aun en Asturias; pero allí mitigaba la fiebre que difundía el ambiente una dulce brisa que se colaba por la angostura del valle, entrando como tamizada por entre ramas gárrulas e inquietas del robledal espeso de la Voz que da sombra a la carretera en un buen trecho.

Al detenerse el destartalado vehículo, como amodorrado bajo 100 capas de polvo, los viajeros del interior, que dormitaban cabeceando, no despertaron siquiera. Del cupé saltó, como pudo, y no con pies ligeros ni piernas firmes, un hombre flaco, de color de aceituna, todo huesos mal avenidos, de barba rala, a que el polvo daba apariencias de cana, vestido con un terno claro, de verano, traje de buena tela, cortado en París, y que no le sentaba bien al pobre indiano, cargado de dinero y con el hígado hecho trizas.

Pepe Francisca, don José Gómez y Suárez en el comercio, buena firma, volvía a Prendes, su tierra, después de 30 años de ausencia; 30 años invertidos en matarse poco a poco, a fuerza de trabajo, para conseguir una gran fortuna con la que no podía ahora hacer nada de lo que él quería: curar el hígado y resucitar a Pepa Francisca de Francisquín, su madre.

De la baca del coche sacó el zagal, con gran esfuerzo, hasta cuatro baúles de mucho lujo todos y vistosos y una maleta vieja, remendada, que Pepe Francisca conservaba como una reliquia, porque era el equipaje con que había marchado a México, pobre, con pocas recomendaciones, pocas camisas y pocas esperanzas. Dio Pepe a los cocheros buena propina, y a una señal suya siguió su marcha el destartalado vehículo, perdiéndose pronto en una nube de polvo.

Quedó el indiano solo, rodeado de baúles, en mitad de la carretera. Era su gusto. Quería verse solo allí, en aquel paraje con que tantas veces había soñado. Ya sabía él, allá desde Puebla, que la carretera cortaba ahora el Suqueru, el prado donde él, a los ocho años, apacentaba las cuatro vacas de Francisquín de Pola, su padre. Miraba a derecha e izquierda; monte arriba, monte abajo: todo estaba igual. Sólo faltaban algunos árboles y... su madre. —Allá enfrente, en la otra ladera del angosto valle, estaba la humilde *casería* que llevaban desde tiempo remoto los suyos. Ahora vivía en ella su hermana Rita, su compañera de *llinda,* en el Suqueru, casada con Ramón Llantero, un indiano frustrado, de los que van y vuelven a poco sin dinero, medio aldeanos y medio señoritos, y que tardan poco en sumirse de nuevo en la servidumbre natural del terruño y en tomar la pátina del trabajo que suda sobre la gleba. —Tenían cinco hijos, y por las cartas que le escribían conocía el ricachón que la codicia de Llantero se le había pegado a Rita y había reemplazado al cariño. Los sobrinos no le conocían siquiera. Le querían como a una mina. Y aquella era toda su familia. No importaba; quisiéranle o no, entre ellos quería morir: morir en la cama de su madre. ¡Morir!, ¿quién sabía? Lo que no habían podido hacer las aguas de Vichy, los médicos famosos de Nueva-York, de París, de Berlín, las diversiones del mundo rico, los mil recursos del oro, podría conseguirlo acaso *el aire natal;* pobre frase vulgar que él repetía siempre para significar muchas cosas distintas, hondas complicaciones de un alma a quien faltaba vocabulario sentimental y sobraba riqueza de afectos. Lo que él llamaba exclusivamente *el aire natal* era la pasión de su vida, su eterno anhelo; el amor al rincón de verdura en que había nacido, del que le habían arrojado de niño, casi a patadas, la codicia aldeana y las amenazas del hambre. Era un chiquillo enclenque, soñador, listo, pero débil, y se le dio a escoger entre hacerse cura de misa y olla o emigrar; y como no sentía vocación de clérigo, prefirió el viaje terrible, dejando las entrañas en la vega de Prendes, en el regazo de Pepa Francisca. La fortuna, después de grandes luchas, acabó por sonreírle; pero él la pagaba con desdenes, porque la riqueza, que procuraba por instinto de imitación, por obedecer a las sugestiones de los suyos, no le arrancaba del corazón la melancolía. Desde Prendes le decían sus parientes: "¡No vuelvas! ¡No vuelvas todavía! ¡Más, más dinero! ¡No te queremos aquí hasta que ganes todo lo que puedas!". Y no volvía; pero no soñaba con otra cosa. Por fin, sucedió lo que él temía: que faltó su madre antes de que él diese la vuelta, y faltó la salud; con lo que el oro acumulado tomó para él color de ictericia. Veía con terrible claridad de moribundo la inutilidad de aquellas riquezas, convencional ventura de los hombres sanos que tienen la ceguera de la vida inacabable, del bien terreno sólido, seguro, constante.

Otra cosa amarilla también le seducía a él, le encantaba en sus pueriles ensueños de enfermo que tiene visiones de vida sana y alegre. Le fatigaban las ideas abstractas, sin representación visible, plástica, y su cerebro tendía a simbolizar todos los anhelos de su alma, los anhelos de vuelta al *aire natal,* en una ambición bien humilde, pero tal vez irrealizable... La cosa amarilla que tanto deseaba, con que soñaba en Puebla, en París, en Vichy, en todas partes, oyendo a la Patti en Covent Garden, paseándose en Nueva-York por el Broadway, la cosa amarilla que anhelaba saborear era... un pedazo de torta caliente de maíz, un poco de *boroña* (borona), el pan de su infancia, el que su madre le migaba en la leche y que él saboreaba entre besos.

"¡Comer *boroña* otra vez! ¡Comer *boroña* en Prendes, junto al *llar,* en la cocina de casa!". ¡Qué dicha representaban aquellos bocados ideales que se prometía! Significaba el poder comer *boroña,* la salud recuperada, las fuerzas devueltas al miserable cuerpo, el estómago restaurado, el hígado en su sitio, la alegría del vivir, de respirar las brisas de su colina amada y de su bosque de la Voz.

"¡Veremos!", se dijo Pepe, plantado en mitad de la carretera, cubierto de polvo, rodeado de baúles en que traía el cebo con que había de comprar a sus parientes, salvajes por el corazón, un poco de cariño, a lo menos cuidados y solicitud, a cambio de aquellas riquezas que para él ya eran como cuentas de vidrio.

Tardaba en llamar a los suyos, en gritar "¡Ah, Rita!" como antaño, para que acudiesen a la carretera y le subieran a casa el equipaje... y a él mismo, que de seguro sin apoyo no podría dominar la cuesta. Tardaba en llamar, porque le placía aquella soledad de su humilde valle estrecho, que le recibía apacible, silencioso, pero amigo; y temía que los hombres le recibiesen peor, enseñando la codicia entre los pliegues de la sonrisa obsequiosa con que de fijo acogerían al ricachón sus presuntos herederos. Por fin se decidió:

—¡Ah, Rita! —gritó como antaño, cuando *llindaba* en el Suqueru y desde el prado pedía la merienda a su hermana que estaba en casa.

A los pocos minutos, rodeado de Rita, de Llantero, su esposo, y de los cinco sobrinos, Pepe Francisca descansaba en el corredor de la casucha, en un sillón de cuero, herencia de muchos antepasados.

* * *

Pero *el aire natal* no le fue propicio. Después de una noche de fiebre, llena de recuerdos y del extraño malestar que produce el desencanto de encontrar frío, mudo, el hogar con que se soñó de lejos, Pepe Francisca se sintió atado al lecho, sujeto por el dolor y la fatiga. En vez de comer *boroña,* como anhelaba, tuvo que ponerse a dieta. Sin embargo, ya que no podía comer aquel *manjar* soñado, quiso verlo, y pidió un pedazo del pobre pan amarillo para tenerlo sobre el embozo de la cama, y contemplarlo y palparlo.

"¡Con mil amores!". Toda la *boroña* que quisiera. Llantero, el cuñado codicioso, el indiano fallido, estaba dispuesto a cambiar toda la *boroña* de la cosecha por las riquezas de los baúles y las que quedaban por allá.

Rita, como había temido su hermano, era otra. El cariño de la niñez había muerto; quedaba una matrona de aldea, fiel a su esposo, hasta seguirle en sus pecados; y era ya como él avarienta, por vicio y por amor de los cinco retoños. Los sobrinos veían en el tío la riqueza fabulosa, desconocida, que tardaba en pasar a sus manos, porque el tío no estaba tan a los últimos como se había esperado.

Atenciones, solicitud, cuidados, protestas de cariño no faltaban. Pero Pepe comprendía que, en rigor, estaba solo en el hogar de sus padres.

Llantero hasta disimulaba mal la impaciencia de la codicia; y eso que era un raposo de los más solapados del concejo.

Cuando pudo, Pepe abandonó el lecho, para conseguir, agarrándose a los muebles y a las paredes, bajar al *corral,* oler los *perfumes,* para él exquisitos, del establo, llenos de recuerdos de la niñez primera: le olía el lecho de las vacas al regazo de Pepa Francisca, su madre. Mientras él, casi arrastrando, rebuscaba los rincones queridos de la casa para olfatear memorias dulcísimas, reliquias invisibles de la infancia junto a la madre, su cuñado y los sobrinos iban y venían alrededor de los baúles, insinuando a cada instante el deseo de entrar a saco la presa. Pepe, al fin, entregó las llaves; la codicia metió las manos hasta el codo; se llenó la casa de objetos preciosos y raros, cuyo uso no conocían con toda precisión aquellos salvajes avarientos; y en tanto, el indiano, sentenciado a muerte, procuraba asomar el rostro a la huerta, con esfuerzos inútiles, y arrancar migajas de cariño del corazón de su hermana, de aquella Rita que tanto le había querido.

La fiebre última le cogió en pie, y con ella vino el delirio suave, melancólico, con la idea y el ansia fijas de aquel capricho de su corazón... comer un poco de *boroña.* La pedía entre dientes, quería probarla; llevábala hasta los labios y el gusto del enfermo la repelía, pesara a sus entrañas. Hasta náuseas le producía aquella pasta grosera, aquella masa viscosa, amarillenta y pesada, que simbolizaba para él la salud aldeana, la vida alegre en su tierra, en su hogar querido. Llantero, que ya tocaba el fondo de los baúles y se preparaba a recoger la pingüe herencia, agasajaba al moribundo, seguíale el humor a la manía; y, todas las mañanas, le ponía delante de los ojos la mejor torta de maíz, humeante, bien tostada, como él la quería...

Y un día, el último, al amanecer, Pepe Francisca, delirando, creía saborear el pan amarillo, la borona de los aldeanos que viven años y años respirando *el aire natal* al amor de los suyos: sus dedos, al recoger ansiosos la tela del embozo, señal de muerte, tropezaban con pedazos de borona y los deshacían, los desmigajaban... y...

—¡Madre, torta! ¡Leche y *boroña,* madre; dame *boroña!* —suspiraba el agonizante, sin que nadie le entendiera. Rita sollozaba a ratos, al pie del lecho; pero Llantero y los hijos revolvían, en la salucha contigua el fondo de los baúles, y se disputaban los últimos despojos, injuriándose en voz baja para no resucitar al muerto.

La conversión de Chiripa

Llovía a cántaros, y un viento furioso, que Chiripa no sabía que se llamaba el Austro, barría el mundo, implacable; despojaba de transeúntes las calles como una carga de caballería, y torciendo los chorros que caían de las nubes, los convertía en látigos que azotaban oblicuos. Ni en los porches ni en los portales valía guarecerse, porque el viento y el agua los invadían; cada mochuelo se iba a su olivo; se cerraban puertas con estrépito; poco a poco se apagaban los ruidos de la ciudad industriosa, y los elementos desencadenados campaban por sus respetos, como ejército que hubiera tomado la plaza por asalto. Chiripa, a quien había sorprendido la tormenta en el Gran Parque, tendido en un banco de madera, se había refugiado primero bajo la copa de un castaño de Indias, y en efecto, se había mojado ya las dos veces de que habla el refrán; después había subido a la plataforma del kiosko de la música, pero bien pronto le arrojó de allí a latigazo limpio el agua pérfida que se agachaba para azotarle de lado, con las frías punzadas de sus culebras cristalinas. Parecía besarle con lascivia la carne pálida que asomaba aquí y allí entre los remiendos del traje, que se caía a pedazos. El sombrero, duro y viejo, de forma de queso, de un color que hacía dudar si los sombreros podrían tener bilis, porque de negro había venido a dar en amarillento, como si padeciese ictericia, semejaba la fuente de la Alcachofa, rodeado de surtidores; y en cuanto a los pies, calzados con alpargatas que parecían de *terracuota,* al levantarse del suelo tenían apariencias de raíces de árbol, semovientes. Sí, parecía Chiripa un mísero arbolillo o arbusto, de cuyas cañas mustias y secas pendían míseros harapos puestos a... mojarse, o para convertir la planta muerta en espantapájaros. Un espanta-pájaros que andaba y corría, huyendo de la intemperie.

Tenía Chiripa 40 años, y tan poco había adelantado en su carrera de mozo de cordel, que la tenía casi abandonada, sin ningún género de derechos pasivos. Por eso andaba tan mal de fondos, y por eso aquella misma y trágica mañana le habían echado del infame zaquizamí en que dormía; porque se habían cansado de sus escándalos de trasnochador intemperante que no paga la posada en años y más años.

—Bueno, peor para ellos —se había dicho Chiripa sin saber lo que decía, y tendiéndose en el banco del paseo público, donde creyó hacer los huesos duros; hasta que vino a desengañarle la furia del cielo.

Así como los economistas dicen que la ley del trabajo es la satisfacción de las necesidades con el mínimo esfuerzo, Chiripa, vagamente pensaba que lo del mínimo esfuerzo era lo principal, y que a él habían de amoldarse también las necesidades, siendo mínimas. Era muy distraído y bastante borracho; dormía mucho, y como tenía el estómago estropeado le dejaba vivir de ilusiones, de flatos y malos sabores, comida ruin y fría y mucho líquido tinto, y blanco si era aguardiente. Vestía de lo que dejaban otros miserables por inservible, y con el orgullo de esta parsimonia en los gastos, se creía con derecho a no echar mano a un baúl sino de Pascuas a Ramos y cuando una peseta era absolutamente necesaria.

Un día, viendo pasar una manifestación de obreros, a cuyo frente marchaba un estandarte que decía: ¡Ocho horas de trabajo!, Chiripa, estremeciéndose, pensó:

—¡Rediós, ocho horas de trabajo; y para eso tiran bombas! Con ocho horas tengo yo para toda la temporada de verano, que es la de más apuro, por los bañistas.

En llevando dos reales en el bolsillo, Chiripa no podía con una maleta, ni apenas tenerse derecho.

Pero tenía un valor pasivo, para el hambre y para el frío, que llegaba a heroico.

Generalmente andaba taciturno, tristón, y creía, con cierta vanidad, en su mala estrella, que él no llamaba así, tan poéticamente, sino la aporreada... en fin, una barbaridad.

Su apodo, Chiripa (el apellido no lo recordaba; el nombre debía de ser Bernardo, aunque no lo juraría) lo tenía desde la remota infancia, sin que él supiera por qué, como no saben los perros por qué los llaman Nelson, Ney o Muley; si él supiera lo que era sarcasmo por tal tendría su mote, porque sería el hombre menos *chiripero* del mundo. Ello era que hacía unos 30 años (todos de hambre y de frío) eran tres notabilidades callejeras, especie de mosqueteros del hampa, Pipá, Chiripa y Pijueta. La historia trágica de Pipá ya sabía Chiripa que había salido en papeles pero la suya no saldría, porque él había sobrevivido a su gloria. Sus gracias de pillete infantil ya nadie las recordaba; su fama, que era casi disculpa para sus picardías, había muerto, se había desvanecido, como si los vecinos del pueblo, envejeciendo, se hubieran vuelto malhumorados y no estuvieran para bromas. Ya él mismo se guardaba de disculpar sus malas obras y su holgazanería como gatadas de pillo célebre, como *cosas* de Chiripa.

"¡Bah!, el mundo era malo; y si te vi, no me acuerdo". Veía pasar, ya llenos de canas, a los señoritos que antaño reían sus travesuras y le pagaban sus vicios precoces; pero no se acercaba a pedirles ni un perro chico, porque no querrían ni reconocerle.

Que estaba solo en la tierra, bien lo sabía él. A veces se le antojaba que un periódico, o un libro viejo y sobado que oía deletrear a un obrero, hubiera sido para él un buen amigo; pero no sabía leer. No sabía nada. Se arrimaba a la esquina de la plaza, donde otros perdían el tiempo fingiendo esperar trabajo, y oía, silencioso, conversaciones más o menos incoherentes acerca de política o de la cuestión social. Nunca daba su opinión, pero la tenía. La principal era considerar un gran desatino el pedir ocho horas de trabajo. Prefería, a oír disparates, que le leyeran los papeles. Entonces atendía más. Aquello solía estar mejor hilvanado. Pero ni siquiera los de las letras de molde daban en el quid. Todos se quejaban de que se ganaba poco; todos decían que el jornal no bastaba para las necesidades... Había exageración; ¡si fueran como él, que vivía casi de nada! Oh, si él trabajara aquellas ocho horas que los demás pedían como mínimum (él no pensaba *mínimun,* por supuesto), se tendría por millonario con lo que entonces ganaría. "Todo se volvía pedir instrumentos de trabajo, tierra, máquinas, capital... para trabajar. ¡Rediós con la manía!". Otra cosa les faltaba a los pobres que nadie echaba de menos: consideración, respeto, lo que Chiripa, con una palabra que había inventado él para sus meditaciones de filósofo de cordel, llamaba *alternancia.* ¿Qué era la *alternancia?* Pues nada; lo que había predicado Cristo, según había oído algunas veces; aquel Cristo a quien él sólo conocía, no para servirle, sino para llenarle de injurias, sin mala intención, por supuesto, sin pensar en Él; por hablar como hablaban los demás, y blasfemar como todos. La *alternancia* era el trato fino, la entrada libre en todas partes, el vivir mano a mano con los señores y entender de letra, y entrar en el teatro, aunque no se tuviera dinero, lo cual no tenía nada que ver con la gana de ilustrarse y divertirse. La *alternancia* era no excluir de todos los sitios amenos y calientes y agradables al hombre cubierto de andrajos, sólo por los andrajos. Ya que por lo visto iba para largo lo de que todos fuéramos iguales tocante al *cunquibus,* o sean los cuartos, la moneda, y pudiera cada quisque vestir con decencia y con ropa estrenada en su cuerpo; ya que no había bastante dinero para que a todos les tocase algo... ¿por qué no se establecía la igualdad y la fraternidad en todo lo demás, en lo que podía hacerse sin gastos, como era el llamarse ricos y pobres de tú, y convidarse a una copa, y enseñar cada cual lo que supiera a los pobres, y saludarlos con el sombrero, y dejarles sentarse junto al fuego, y pisar alfombras, y ser diputados y obispos, y en fin, darse la gran vida sin ofender, y hasta lavándose la cara a veces, si los otros tenían ciertos escrúpulos? Eso era la *alternancia;* eso había creído él que era el cristianismo y la democracia, y eso debía ser el socialismo... como ello mismo lo decía: socialismo... cosa de sociedad, de trato, de juntarse... *alternancia.*

* * *

Salió del kiosko de la música a escape, hecho una sopa, echando chispas contra el Fundador de la *alternancia* y contra su Padre, y se metió en la población en busca de mejor albergue. Pero todo estaba cerrado. A lo menos cerrado para él. Pasó junto a un café: no osó entrar. Aquello era público, pero a Chiripa le echarían los mozos en cuanto advirtiesen que iba tan sucio, tan harapiento que daba lástima, y que no iba a hacer el menor gasto. A un mozo de cordel en activo le dejarían entrar, pero a él, que estaba reducido a la categoría de pordiosero... honorario, porque no pedía limosna, aunque el *uniforme* era de eso, a él le echarían poco menos que a palos. Lo sabía por experiencia... Pasó junto al Gobierno de provincia, donde estaba la *prevención.* Aquí me admitirían si estuviera borracho, pero en mi sano juicio y sin alguna fechoría, de ningún modo. No sabía Chiripa qué era todo lo demás que había en aquel caserón tan grande; para él todo era prevención; cosas para *prender,* o echar multas, o tallar a los chicos y llevarlos a la guerra. Pasó junto a la Universidad, en cuyo claustro se paseaban, mientras duraba la tormenta, algunos magistrados que no tenían que hacer en la Audiencia. No se le ocurrió entrar allí. Él no sabía leer siquiera, y allí dentro todos eran sabios. También le echarían los porteros. Pasó junto a la Audiencia... pero no era hora de oír a los testigos falsos, única misión decorosa que Chiripa podría llevar allí, pues la de *acusado* no lo era. Como testigo falso, sin darse cuenta de su delito, había jurado allí varias veces decir la verdad; y en efecto, siempre había dicho la verdad... de lo que le habían mandado decir. Vagamente se daba cuenta de que aquello estaba mal hecho, pero ¡era por unos motivos tan complicados! Además, cuando señoritos como el abogado, y el escribano, y el procurador, y el ricacho le venían a pedir su testimonio, no sería la cosa tan mala; pues en todo el pueblo pasaban por caballeros los que le mandaban declarar lo que, después de todo, sería cierto cuando ellos lo decían.

Pasó junto a la Biblioteca. También era pública, pero no para los pobres de solemnidad, como él lo parecía. El instinto le decía que de aquel salón tan caliente, gracias a dos chimeneas que se veían desde la calle, le echarían también. Temerían que fuese a robar libros.

Pasó por el Banco, por el cuartel, por el teatro, por el hospital... todo lo mismo, para él cerrado. En todas partes había hombres con gorra de galones, para eso, para no dejar entrar a los Chiripas.

En las tiendas podía entrar... a condición de salir inmediatamente; en cuanto se averiguaba que no tenía que comprar cosa alguna, y eso que todas le faltaban. En las tabernas, algo por el estilo. ¡Ni en las tabernas había para él *alternancia!*

Y, a todo esto, el cielo desplomándose en chubascos, y él temblando de frío... calado hasta los huesos... Sólo Chiripa corría por las calles, como perseguido por el agua y el viento.

Llegó junto a una iglesia. Estaba abierta. Entró, anduvo hasta el altar mayor sin que nadie le dijera nada. Un sacristán o cosa así cruzó a su lado la nave y le miró sin extrañar su presencia, sin recelo, como a uno de tantos fieles. Allí cerca, junto al púlpito de la Epístola, vio Chiripa *otro* pordiosero, de rodillas, abismado en la oración; era un viejo de barba blanca que suspiraba y tosía mucho. El templo resonaba con los chasquidos de la tos; cosa triste, molesta, que debía de importunar a los demás devotos esparcidos por naves y capillas; pero nadie protestaba, nadie paraba mientes en aquello.

Comparada con la calle, la iglesia estaba templada. Chiripa empezó a sentirse menos mal. Entró en una capilla y se sentó en un banco. Olía bien. "Era incienso, o cera, o todo junto y más; olía a recuerdos de chico". El chisporroteo de las velas tenía algo de hogar; los santos quietos, tranquilos, que le miraban con dulzura, le eran simpáticos. Un obispo con un sombrero de pastor en la mano, parecía saludarle, diciendo: —¡Bien venido, Chiripa!—. Él, en justo pago, intentó santiguarse, pero no supo.

No sabía nada. Cuando la oscuridad de la capilla se fue aclarando a sus ojos, ya acostumbrados a la penumbra, distinguió el grupo de mujeres que en un rincón arrodilladas formaban corro junto a un confesionario. De vez en cuando un bulto negro se separaba del grupo y se acercaba al armatoste, del cual se apartaba otro bulto semejante.

—Ahí dentro habrá un *carca* —pensó Chiripa, sin ánimo de ofender al clero, creyendo sinceramente que *carca* valía tanto como sacerdote.

Le iba gustando aquello. "Pero ¡qué paciencia necesitaba aquel señor, para aguantar tanto tiempo dentro del armario! ¿Cuánto cobraría por aquello? Por de pronto nada. Las beatas se iban sin pagar".

"Y nada. A él no le echaban de allí". Cuando la capilla fue quedando más despejada, pues las beatas que despachaban, a poco salían, Chiripa notó que las que aún quedaban, se fijaban en su presencia. "¿Si estaré faltando?", pensó; y por si acaso, se puso de rodillas. El ruido que hizo sobre la tarima llamó la atención del confesor, que asomó la cabeza por la portezuela que tenía delante y miró con atención a Chiripa.

"¿Iría a echarle?". Nada de eso. En cuanto el cura despachó a la penitente que tenía al otro lado del ventanillo con celosías, se asomó otra vez a la portezuela y con la mano hizo seña a Chiripa.

—¿Es a mí? —pensó el ex-mozo de cordel.

A él era. Se puso colorado, cosa extraordinaria.

—¡Tiene gracia! —se dijo, pero con gran satisfacción, esponjándose—. Le llamaban a él creyendo que iba a confesarse, y le hacían pasar delante de las señoritas aquellas que estaban formando cola. ¡Cuánto honor para un Chiripa! En la vida le habían tratado así.

El cura insistió en su gesto, creyendo que Chiripa no lo notaba.

—¿Por qué no? —se dijo el perdis—. Por probar de todo. Aquí no es como en el Ayuntamiento, donde yo quería que me diesen voto, *pa* ver lo que era eso del sufragio, y resultó que aunque era para todos, para mí no era, no sé por qué tiquismiquis del padrón o su madre.

Y se levantó, y se fue a arrodillar en el sitio que dejaba libre la penitente.

—Por ahí, no; por aquí —dijo el sacerdote haciendo arrodillarse a Chiripa delante de sus rodillas.

El miserable sintió una cosa extraña en el pecho y calor en las mejillas, entre vergüenza y desconocida ternura.

—Hijo mío, rece usted el acto de contrición.

—No lo sé —contestó Chiripa humilde, comprendiendo que allí había que decir la verdad... verdadera, no como en la Audiencia. Además, aquello del *hijo mío* le había llegado al alma, y había que tomar la cosa en serio.

El cura le fue ayudando a recitar el *Señor mío Jesucristo.*

—¿Cuánto tiempo hace que no se ha confesado?

—Pues... *toa* la vida.

—¡Cómo!

—Que nunca.

Era un monte virgen de impiedad inconsciente. No tenía más que el bautismo; a la confirmación no había llegado. Nadie se había cuidado de su salvación, y él sólo había atendido, y mal, a no morirse de hambre.

El cura, varón prudente y piadoso, le fue guiando y enseñando lo que podía en tan breve término. Chiripa no resultaba un gran pecador más que desde el punto de vista de los pecados de omisión; fuera de eso, lo peor que tenía eran unas cuantas borracheras empalmadas, y la pícara blasfemia, tan brutal como falta de intención impía. Pero si jamás había confesado sus culpas, penitencia no le había faltado. Había ayunado bastante, y el frío y el agua y la dureza del santo suelo habían mortificado sus carnes no poco. En esta parte era recluta disponible para la vida del yermo; tenía cuerpo de anacoreta.

Poco a poco el corazón de Chiripa fue tomando parte en aquella conversión que el clérigo tan en serio y con toda buena fe procuraba. El corazón se convertía mucho mejor que la cabeza, que era muy dura y no entendía.

El clérigo le hacía repetir protestas de fe, de adhesión a la Iglesia, y Chiripa lo hacía todo de buen grado. Pero quiso el cura algo más, que él espontáneamente expresara a su modo lo que sentía, su amor y fidelidad a la religión en cuyo seno se le albergaba. Entonces Chiripa, después de pensarlo, exclamó como inspirado:

—¡Viva *Carlos Sétimo!*

—¡No, hombre; no es eso!... No tanto —dijo el confesor sonriendo.

—Como a los carcas los llaman clerófobos...

—¡Tampoco, hombre!...

—Bueno, a los curas...

En fin, aplazando las cuestiones de pura forma y lenguaje, se convino en que Chiripa seguiría las lecciones del nuevo amigo, en aquel templo que había estado abierto para él cuando se le cerraban todas las puertas; allí donde se había librado de los latigazos del aire y el agua.

—¿Conque te has hecho monago, Chiripa? —le decían otros hambrientos, burlándose de la seriedad con que, días y días, seguía tomando su conversión el pobre diablo.

Y Chiripa contestaba:

—Sí, no me avergüenzo; me he *pasao* a la Iglesia, porque allí a lo menos hay... *alternancia.*

El Torso

El duque de Candelario tenía media provincia por suya; y no iba muy descaminado, porque a sus cotos redondos no se les veía el fin, y ejércitos de labradores le pagaban renta. Mucho había heredado de sus ilustres ascendientes; pero él también había adquirido no poco, y nadie podía decir que de mala manera y sin servir a la patria: era en su vejez, que casi se podía llamar florida por lo bien que en cosas que habían de dar fruto la empleaba, y por la lozana alegría de su humor y la constancia de sus fuerzas y alientos, era, digo, un agricultor de grandes vuelos, inteligente, activo, desinteresado con el pobre; pero atento a la legítima ganancia; y así se enriquecía más y más, ayudaba a los que le rodeaban a ganar la vida, y a quien le sacaba el jugo era a la tierra.

Si de este modo servía ahora a la patria, antes le había dado algo que valía más: su sangre y el continuo peligro de la vida; había sido bravo militar, llegando a general, y en todos los grados de su carrera había tenido ocasión de probar el valor en verdaderas hazañas. Aún más que por todo esto, le estimaban en su tierra por lo llano, alegre y franco del carácter. No se diga que despreciaba sus pergaminos, pero tenía la democracia del trato, como rasgo capital, en la sangre; y por algo le llamaban el *duque de los abrazos.* En los membrudos *remos,* como él decía, que no desdeñaban las armas del trabajo del campo, estrechaba con sincera hermandad a los humildes aldeanos, que adoraban en él y le acompañaban en su vida sana, activa, de cazador y labrador y buen camarada en honestas francachelas.

Vivía casi siempre en el campo, en un gran palacio, con aspecto de castillo feudal, donde el más aristocrático señorío se mostraba por todas partes.

El amo inspiraba confianza en cuanto se le veía; su regia mansión, situada en medio de sus dominios, rodeada de bosques, imponía frío respeto.

Pero mientras don Juan Candelario, duque de Candelario, vivió, venció él a todos, a la tradicional reserva, a la etiqueta linajuda, al aspecto imponente y aristocrático de su casa; y lo que era más arduo, venció la sorda oposición de su digna esposa, tan noble como él, no menos buena, pero de gustos menos democráticos, menos expansiva en el trato de los inferiores. El duque, burla burlando, tenía voluntad de hierro, y donde estaba él no mandaba marinero. Así era su gran palacio casa de todos, porque él lo quería, y hacíase tratar como un labrador más rico que los otros, pero no de otra madera.

Tenía sólo un hijo, que, en cuanto fue posible, su madre se apresuró a enviar a Inglaterra a que se educara en Eton, después en Oxford y después en la escuela del *gran mundo* inglés. No se opuso el duque, porque le pareció racional que su heredero recibiese la sólida instrucción y las lecciones de vida de gran señor que allá lejos sabía él que se adquirían; pero esto no le impidió suspirar cuando advirtió que su Diego se había entregado a ideas, hábitos y tendencias que distaban mucho de aquella sencillez castellana que para don Juan era educación y naturaleza.

Su hijo se parecía más a la duquesa que al duque mismo, y la educación que este llamaba *estirada, correcta y fría,* ponía el sello a las diferencias que lamentaba. Pero no se quejó. Cada cual sería a su manera. A él, ni Diego, ni nadie le sacaría ya de su paso; pero el *sucesor,* que fuera como Dios tuviese dispuesto; dejaba a los demás la libertad, que él para sí había reclamado, de vivir a su modo. Ahora sí; mientras el duque viejo existiese, su casa, pusiera el *señorito* el gesto que pusiera, seguiría marchando como siempre.

Diego, en efecto, sentía invencible repugnancia ante aquellas costumbres de su padre. Él, que había tenido criados estudiantes, que desde el colegio había aprendido a medir las distancias que la *realidad* establece entre las clases diferentes, por *necesidad,* veía hasta una hipocresía, o por lo menos una ilusión ridícula, de mal gusto, en aquella aparente igualdad del trato, que no pasaba de la superficie, que no podía llegar al fondo. Todo esto, pensaba, es una comedia grotesca, que a nosotros nos molesta y a los pobres aldeanos los humillaría, si fueran de más fina epidermis.

Con lo que menos transigía, con lo que estaba a matar, era con la confianza dichosa, extendida a las relaciones de los amos y de la servidumbre. Aquí lo grotesco y lo incómodo rayaban en tormento.

—Es preferible —decía don Diego a su madre en secreto— servirse a sí propio a ser por otros servido de esta manera; un criado que no es una máquina respetuosa, un autómata perfecto, es la mayor impertinencia que puede haber en un hogar. Siempre he distinguido a los verdaderos nobles de los improvisados y de los personajes plebeyos, por la servidumbre. La de estos últimos suele ser descuidada en el vestir, incorrecta en las ceremonias del trato, y todo ello sin que su señor, tal vez déspota, note semejantes disonancias, que pregonan su humilde origen. El criado adivina al *señor* verdadero, y aunque en su servicio tenga que soportar más severa disciplina, en él está más satisfecho, tomando más en serio su oficio.

Casi odio contra su querido padre sentía don Diego, al ver cómo trataba al duque Ramón, su antiguo compañero de glorias y fatigas, un héroe de la clase de tropa, y ahora jardinero y un poco mayordomo, y claramente favorito del amo. Diego era el ídolo de Ramón; antes de marchar el chico a Inglaterra, a las nodrizas y al ayo había disputado el veterano el cariño, los cuidados del rapaz, que, cuando no estaba sobre su rodilla sana, estaba sobre su pata de palo, y si no sobre sus hombros, apretándole las orejas como los ijares a un caballo. Con la ausencia, el cariño del jardinero no se enfrió, se idealizó, cuando volvió el señorito *tieso,* pulquérrimo, frío, con aires de gran señor, que hasta en el menor gesto muestra la sangre privilegiada. Ramón convirtió de repente la mitad de su cariño en respeto; si antes le quería como a un ídolo familiar, ahora le temía como a un dios, con temor amoroso, reconociendo la suprema justicia de aquella desigualdad que se le señalaba. Si con el amo *viejo* era confianzudo, era por cumplir una consigna; porque así se lo había ordenado implícitamente; por lo demás, él tenía el respeto a la sangre donde el señorito la nobleza, en el fondo de la conciencia. Bueno se hubiera puesto el duque si Ramón le hubiese venido con remilgos y etiquetas. Verdad era que poco a poco aquellas relaciones de hermandad, aquella vida de camaradas, las había ido tomando el veterano como cosa de la naturaleza; y como todo lo que él decía y hacía estaba bien para el amo, y como su celo por el interés de la casa era de corazón, apasionado, y esto lo estimaba el duque más que un tesoro, Ramón se dejaba llevar por aquella plácida pendiente. Aun en presencia del duque *joven* continuó tratando al viejo con la franqueza igualitaria de siempre; porque ¡ay de él y de todos si el amo hubiera advertido que allí se obedecía a nueva voluntad, a gustos nuevos!

—En muriendo yo —había dicho una vez don Juan— que te cuelguen de un árbol, o que te pongan una casaca verde, si quieren; pero mientras yo viva... ¡lo de siempre!

* * *

Pasaron años; Diego vivió lejos de su padre, a lo gran señor, en el *mundo;* se casó con una duquesa, y no volvió al palacio de Candelario hasta que murió su madre. Estuvo allí poco tiempo. Lo bastante para convencerse de que el duque llenaría el vacío que dejaba su mujer, en lo posible, con la influencia de Ramón. Sin malas artes, sin astucia, sin ambición, por su inteligencia, su energía y su celo el jardinero había invadido todas las funciones de mando. El duque, muy postrado, decía:

—Él es mis pies y mis manos... y eso que no tiene ni *manos,* ni *pies.*

En efecto; el veterano, que había dejado una pierna en la guerra, había dejado después, poco hacía, en un tejado del palacio, un brazo, con ocasión de apagar un incendio. No importaba; *con lo que le quedaba,* Ramón lo dirigía todo, lo vigilaba todo.

Diego, al verle de tal modo lisiado, le puso un mote que hizo sonreír a su esposa la duquesa, poco amiga también de aquellas confianzas de los criados; le llamó el *Torso,* porque apenas le quedaba más que el tronco, y ese, viejo y arrugado, aunque fuerte como una encina.

Poco antes de morir, el duque llamó a su hijo a su lado. El pobre viejo, rendido ya en el lecho en que iba a expirar, no sentía ahora la energía que en otro tiempo le hizo ser dueño absoluto en su casa. A los pocos días de llegar don Diego, Ramón, ya caduco también, tuvo que entregar el poder; el señorito muy amado, que no dejaba de quererle a él, pero a distancia, le hizo entender bien claramente que se había equivocado si creía que aquel trato familiar de amos y criados que don Juan había impuesto, era ley natural del mundo; el verdadero respeto, la verdadera lealtad a los amos, consistía en otra cosa; en saber guardar la decorosa distancia que hay de clase a clase.

En adelante, puesto que por desgracia don Juan ya no dirigiría nunca la casa, todo cambiaría; cada cual volvería a su sitio; él, Ramón, pues era jardinero, volvería a sus jardines, viviría allá arriba, en el Pabellón de la Glorieta, que estaba en un altozano, a lo último del parque.

Ramón no se lo hizo decir dos veces. "Amo nuevo, vida nueva". Era un perro fiel: mientras se había querido caricias, confianza, había sido cariñoso, confianzudo; había dormido a los pies de su amo, dándole el calor de su afecto... ahora se le mandaba a la puerta, a vigilar desde fuera como buen mastín... pues afuera, al Pabellón de la Glorieta; al destierro.

Y allá se fue, humilde, algo avergonzado de haber tomado en serio su papel de mayordomo y favorito.

Don Juan notó el cambio, pero ya no tenía humor ni fuerzas para protestar. Además, él también abdicaba de buen grado; era natural que su hijo quisiera empezar a ejercer el mando; él mismo le animaba a ello para darse el gusto de ver reinar al heredero, orgullo y gloria de su padre. "Diego es un gran señor, se decía don Juan; yo, a lo sumo, habré sido un gran aldeano".

* * *

Y murió don Juan, y el cambio iniciado se acentúo y acabó por ser completo. Aquellos dominios, metidos en el riñón de España, parecían ahora una de esas mansiones de los *landlords* que nos describe y pinta *The Graphic* de vez en cuando; allí todo era inglés; todo, como diría don Juan, *tieso, correcto, frío.* Mayordomo hubo, pero no fue Ramón; los criados fueron autómatas con aquella casaca verde de que el difunto duque se burlaba; hubo en el palacio siempre convidados; pero no eran los labradores del contorno, sino señores muy serios poco llanos también.

Ramón apenas salía de su pabellón de allí arriba al extremo del parque; se dio por confinado, sobre todo desde que se le advirtió que su cargo de jardinero sería en adelante honorario, si bien seguiría cobrando su sueldo, pero sin ejercicio de funciones. Don Diego atendería a su vejez con todos los cuidados que merecía. No le faltaría más que la confianza de antaño. No se quejó; cambió de vida; fue el más respetuoso, el más *estirado,* el menos comunicativo de la servidumbre. Aceptó su suerte, y sin vergüenza comió agradecido el pan que se le daba por los servicios de toda una vida. Sin embargo, en un rincón de la huerta trabajaba lo que podía, casi siempre solo.

Los duques iban y venían; vivían en Candelario parte del verano y todo el otoño. En toda la temporada Ramón veía a su don Diego del alma dos o tres veces. Llegaban a él, como rumores lejanos, ecos de las borrascas domésticas, ecos conducidos por aquellos criados de librea verde, tan tiesos, tan finos, tan respetuosos. Ramón sentía lágrimas en los ojos cuando oía aquellos chismes de lacayos, en que las tragedias domésticas se tomaban como sainetes por la servidumbre, que se vengaba así, a escondidas, de su humillación constante... "¡El *señorito* no era feliz!", pensaba en sus soledades del Pabellón de la Glorieta. ¡Pero Dios le librara de decirle una palabra de consuelo!

Una tarde le vio acercarse a la Glorieta, solo, taciturno, con el terrible ceño fruncido. Ramón estaba sentado en un banco rústico, descansando de la faena, para él cada día más fatigosa, de regar las legumbres. Pasó el duque a su lado, cabizbajo; Ramón se puso en pie, en el pie que tenía, y llevó la mano única a la frente para hacer el ademán de descubrirse, aunque no traía nada en la cabeza. El duque le vio; le miró con repentina dulzura; le puso una mano sobre el hombro; pero al notar que al criado, al *Torso,* se le llenaban los ojos de agua y de preguntas, y temiendo que rompiera a hablar como no debía, en vez de permitirle preguntar por las penas del amo, le dejó frío con un gesto, y le dijo:

—¿Qué tal ese reuma?

—El médico dice que acabaré por perder el uso de este otro brazo —y con el muñón del que le faltaba procuraba señalar al que tenía—. Y yo creo que lleva razón el médico, porque me pesa como un plomo. Pero lo peor no es eso: es que la pierna... *mía* se empeña en pedir el canuto, y no hay otra en la reserva.

—Ya sabes que nunca te faltará nada.

Y el *señorito,* el que un día jugaba saltando sobre aquella pierna que a Ramón se le moría, cansada de trabajar sola, siguió adelante, hundida el alma otra vez en sus pesadumbres, y la cabeza inclinada hacia la tierra de sus dominios, que no les daba una respuesta a las dudas infamantes de sus airados celos, a las sospechas de su honor.

* * *

Después de cien borrascas de la vida, el duque, solo, separado de su duquesa, cuya perfidia supo de modo cierto; sin hijos, sin amor a nada del mundo, sin amigos verdaderos, como la mayor parte de los hombres, se retiró a sus dominios de

Candelario, como al abrigo de una ensenada en una isla desierta. No era un puerto familiar donde le aguardaran los suyos; era un abrigo en tierra inhospitalaria. El mundo era ya para él la isla desierta; en Candelario vivía con hambre de cariño, de fe, de ilusiones; pero sin luchar con las olas. En calma terrible; de cementerio. Pero también entre cementerios, el afecto escoge. En su palacio había la *corrección* de siempre; los criados, siempre de verde, saludaban inclinándose hasta el suelo; el servicio era solícito, esmerado; nada faltaba al duque; su cuerpo era servido como por las manos volanderas de los castillos encantados. Pero le sobraba una cosa: la *discreción* absoluta de su gente; los criados, según antigua costumbre, por disciplinaria tradición, miraban en el duque al ser superior, feliz y sin flaquezas, por decreto divino, por privilegio de la sangre y la grandeza; suponer al amo necesitado de consuelo, de ayuda, pidiendo y solicitando, con la mirada a lo menos, amparo, calor del corazón, era absurdo, una irreverencia. Ningún criado de aquellos, ni el más sinceramente fiel, creía que entraba en el cuadro de sus obligaciones tener lástima del señor, pararse a pensar en qué podía estar triste en aquella soledad espantosa.

En cuanto a los campesinos dependientes de la casa, ya hacía muchos años que habían olvidado el camino del palacio, a lo menos el de las habitaciones del amo. El duque *nuevo* era una abstracción para ellos; su señorío un concepto de derecho, no un poder representado en una forma conocida.

Don Diego envejecía de dolor, de hastío, de soledad; a solas con su grandeza, se sentía como un rey Midas del linaje y de la etiqueta: todo lo que tocaba se le convertía en frío respeto.

La debilidad de sus achaques, que empezaron pronto, le tenía nervioso; empezó a aborrecer a sus siervos voluntarios, porque no adivinaban lo que ahora necesitaba, que era afecto, trato humano, pero no de humanidad humillada, servil. Llegó a *hacer la corte* a sus *palaciegos;* a procurar, de modo indirecto, adulándolos, como podía, sin abdicar, sonsacarles algo más que el servicio exacto, cumplido con ceremoniosa perfección. Fue en vano; nadie sospechaba lo que quería. Estaba entre muebles y semovientes: no entre hombres. Los árboles del Parque, inclinados, a su paso, por la brisa, le saludaban; saludaban su dolor sin comprenderlo; lo mismo hacían los criados; pasaba el amo y se inclinaban como los árboles.

Cerca del anochecer, cierto día, el duque llegó hasta el extremo del Parque; alzó la cabeza al verse junto al pabellón solitario de la Glorieta. Allí dentro, como enterrado en vida, estaba Ramón, que no acababa de morir; olvidado de todos, menos de un mozalbete encargado de su servicio. El veterano había ido perdiendo terreno, pero no quería abandonar la casa de que había sido perro fiel; no quería morir. El *señorito* no le visitaba nunca. Pasaba el día sentado en un sofá de paja, haciendo solitarios con naipes viejos, sobre una mesa de mármol, con grandes esfuerzos de la mano única que movía apenas, para la cual cada naipe, sobado y lleno de dobleces, pesaba como una losa. La pierna de carne se había hecho de palo también; no se movía. Los ojos eran centellas, pero los oídos tapias: todo le sonaba a Ramón a ruido del bosque que tenía a la espalda. Como no oía, apenas quería hablar, para no decírselo él todo. Además, casi nunca tenía con quién.

Le dominaba una idea. "¿Qué haría, cómo lo pasaría el señorito allá abajo?".

Don Diego vaciló... pero no pudo contenerse. El alma le hizo dar unos pasos más y penetrar en la triste vivienda del desterrado, del confinado, del enterrado en vida, del tronco arrinconado, como mueble vetusto y noble; del *Torso* de carne y hueso.

El *Torso,* al ver al amo frente a sí, quiso incorporarse, pero no pudo. Levantó un poco la mano, que no llegó a la cabeza. Saludó con ponerse rojo de respeto y de dicha. ¡Qué santo orgullo el suyo! ¡El *señorito* venía a verle a su sepulcro!

El duque le puso la mano sobre el hombro; se sentó a su lado en el sofá de paja.

—¿Qué solitario es ese? —preguntó por señas.

—El de los reyes.

—¿Te lo enseñó mi padre? —volvió a decir don Diego también con gestos, señalando con la mano, que sacudió dos veces, allá hacia las nubes, hacia los cielos...

—Sí; el señor duque —contestó Ramón, moviendo el muñón del brazo perdido, también hacia arriba.

—El señor duque... que de Dios goza —repitió el *Torso,* que no pudo contener dos lágrimas pobres, muy delgadas.

Y el amo tampoco pudo, ni tal vez quiso reprimirse; y, dejando caer la cabeza sobre el hombro de Ramón, abrazado al *Torso,* lloró en silencio, en abundancia, como idólatra que se reconcilia con su fetiche, y le cuenta al tronco inerte, dios de los lares, las penas íntimas que no le importan al mundo.

El frío del Papa

Decía el periódico: "No es cierto que Su Santidad León XIII esté enfermo. Su salud se mantiene firme; pero no hay que olvidar que es la salud de un anciano, de un anciano cuyo espíritu ha trabajado y trabaja mucho. Está débil, sin duda; pero no se ha de juzgar por las apariencias de lo que es capaz de resistir aquel temperamento; detrás de aquella delicadeza, de aquel palidísimo color, de aquellos músculos sutiles, hay un vigor, una resistencia vital que no puede sospechar el que le ve y no conoce su fibra. Los catarros le molestan a menudo. Su gran batalla es con el frío. En sus habitaciones no se enciende lumbre; pero después que se acuesta necesita sobre su cuerpo flaco mucho abrigo. Parece imposible que aquellos miembros tan débiles resistan el peso de tanta ropa como hay que echarles encima".

Interrumpió Aurelio Marco, exfilósofo, la lectura que le había llenado de lágrimas los ojos, y el espíritu de ideas y de imágenes.

Era la noche del 5 de enero, víspera de Reyes. En su pueblo, donde Aurelio se había refugiado después de recorrer gran parte del mundo, todavía se consagraba aquella noche a la inocente comedia mística, tradicional, de ir a *esperar los Reyes;* ni más ni menos que en *su tiempo,* cuando él era niño, y seguía por calles y plazas y carreteras, a la luz de pestíferas antorchas, a los pobres músicos de la murga municipal, disfrazados, con trapos de colorines y tristes preseas de talco, de Reyes Magos, reyes melancólicos con cara de hambrientos.

A lo lejos, allá en la calle, se oía la inarmónica elegía de un clarinete desafinado que se alejaba con su tristeza...

"¡El Papa tiene frío!", pensó Aurelio. Y la ternura de un símbolo de inefable misterio doloroso le anegó el alma en visiones mezcladas de agudas ideas luminosas.

Sus recuerdos de otras noches de *Reyes,* el clarinete que se alejaba, la noticia que acababa de leer, le devolvían, por lo que atañe al sentir, a la fe de su poética infancia, de su tormentosa adolescencia... La *verdad estética* de la leyenda sublime, única, le penetraba el corazón; y por él pasaba algo muy semejante a lo que el Fausto de Goethe sentía al escuchar las campanas que tocaban a *Gloria* y los cánticos populares de Pascua:

("Erinn'rung halt mich nun, mit kindlichem Gefühle, etc.")

("Tal recuerdo reanima en mi corazón los sentimientos de la niñez... y me vuelve a la vida.

¡Oh!, que os oiga otra vez, cánticos celestiales; ha corrido una lágrima, la tierra me reconquista").

Aurelio Marco llegaba a la vejez y su espíritu necesitaba un báculo; tenía canas en el pensamiento de nieve: huyendo de pretendida ciencia positiva, que niega y profana lo que no explica, había vuelto, no a la confesión dogmática de sus mayores, pero sí al amor y al respeto de la tradición cristiana: no entraba en el templo por no profanarlo, se quedaba a la puerta, aterido. Asistía al culto por fuera, contemplando la austera y dulce arquitectura de la torre gótica, himno de sincera piedad *musical,* inefable... Mas tales sentimientos, tales ideas de lo que llamaba él el *buen sentido religioso,* no le calentaban el corazón, como en su juventud borrascosa, borrascosa por dentro, se lo calentaban hasta abrasarlo los relámpagos de fe poética, expectante, personal, originalísima, que brillaban a veces entre las tinieblas de sus dudas y negaciones.

—Ahora —pensaba— sentía mejor, más sinceramente, con más prudencia, con más caridad para las ideas contrarias; se acercaba, sin duda, al justo medio, a la sabia parsimonia... ¡pero qué frío!

—También tenía frío el Papa; un frío que le llegaría a los huesos.

* * *

Aurelio Marco se puso en pie de repente, como para sacudir las ideas; se quedó mirando, sin verla, la luz de su lámpara, roja detrás del cristal de color de leche; hizo un gesto singular con los labios, que chocaron con fuerza y ruido, como dando un beso a la adversidad y a la resignación a un tiempo, y llevando ambas manos a la frente, cual si buscara un medio artificial, mecánico, para pensar como quería, se dijo casi casi como quien se vuelve a una divinidad que se imagina en el cenit, no muy lejos:

—¡Oh! ¡Si yo pudiera... aunque fuese soñando, volver a creer esto mismo que ahora siento... y no creo! ¿Por qué en mí la poesía y el amor son creyentes, y no lo es la inteligencia? Si me viera por dentro, ¿vería en mí la Iglesia un enemigo? ¡Ah! Debiera ser yo para ella, como tantos otros, un enfermo, pero un enfermo suyo. ¿Qué tengo yo que ver con el Papa? Y, sin embargo, ¡qué escalofríos me da el frío del Papa! Todo un símbolo tierno y melancólico...

Volvió a sentarse Aurelio Marco en su sillón de cuero, y creyendo oír todavía, a lo lejos, los ayes del clarinete del rey Baltasar, inclinada la cabeza, se quedó dormido.

* * *

Había vuelto a los siete años; le llevaba una garrida moza del pueblo, de la mano, corriendo, corriendo, haciéndole volar, tocando apenas con los delicados pies el polvo de la carretera; su melena flotante batía sobre sus hombros como unas alas, y le infundía como un soplo en la nuca.

Era de noche, una noche muy clara, helada, de estrellas que parecían acabadas de lavar. La carretera, bien la conocía, era la de Castilla, la de Madrid, la del ancho mundo, la de los ensueños ambiciosos...; por allí se iba a la dicha misteriosa, vaga, pero segura. Y, sin embargo, mirando mejor a los lados, desconocía el camino. A derecha e izquierda edificios sin cuento, todos tristes, solemnes, de piedra; todos sepulcros: aquella inmensa mole parecía el gran monumento fúnebre de Cecilia Metela... Aquella era la carretera de Castilla, y era, *además,* algo así como la Vía Apia.

—¿Adónde vamos? ¿Adónde va tanta gente? ¡A *esperar los Reyes!*

En el corazón y en el pensamiento de Aurelio había los anhelos del niño y la experiencia y la ciencia del adulto.

¿Qué era ir a esperar los Reyes? Nada, un juego, una ilusión; y, con todo, ¡qué alegría!, ¡qué exaltación! Aquel engaño, que no engañaba a nadie, engañaba a todos. Era una imagen, un símbolo de la vida aquella carrera en la noche helada, por la Vía Apia arriba. Viéndose apenas, distinguiéndose mal, como en la vida, donde apenas nos conocemos, la multitud se apresuraba, se disputaba el paso, atropellándose por llegar primero, ¿adónde? A la ilusión. Salían al camino a los *Reyes...* que no habían de encontrar.

—¡Allí vienen! ¡Allí vienen! ¡Aquella luz! —gritaban los de la broma.

Y Aurelio casi los creía, y la carrera se precipitaba. La luz era de una taberna. Allí no había *Reyes;* había borrachos y mujerzuelas, que también preguntaban por los *Reyes.*

—¡Más arriba! ¡Más arriba! ¡Otra luz! ¡Otra taberna! ¡Adelante! ¡Más arriba!... Tumbas, sombras a los lados; estrellas frías y brillantes en el cielo; oscuridad y esperanza enfrente, a lo lejos. ¡Adelante!

* * *

La multitud va quedando zaguera; la ilusión ya la fatiga; las tabernas van tragando por el camino al pueblo que vuelve a la realidad para caer en la ilusión alcohólica sin ideal y de despertar amargo. Aurelio y la moza garrida que le hace volar, llevándole en vilo, llegan a verse solos...; no importa, siguen. El camino hace un recodo en un altozano; el horizonte se ensancha y lo corta con oscuridad simétrica el perfil de un gran templo, de cúpula inmensa. Aurelio se ve solo dentro de la nave cuyas bóvedas se pierden en las sombras de la altura. Por la parte del ábside el gran templo está en ruinas y deja ver el campo, las montañas y las estrellas; en el altar mayor hay una cuna humilde en un pesebre; del lado del Evangelio hay una cama de hospital, limpia y pobre; en la cuna gime y tirita de frío un niño de piel de rosas; en la cama humilde tirita un anciano caduco, pálido como cera, de piel trasparente, en los huesos.

Las estrellas parecc que envían sobre la cuna y la cama efluvios de hielo. ¡Cuánto frío! ¡Qué desnudez! Una mula y un buey están al lado de la cuna; el buey arroja nubes del vapor de su aliento sobre el niño de la cuna. El anciano, que se muere de frío, de tarde en tarde levanta la cabeza temblorosa y mira hacia la cuna, y sonríe agradecido al buey que calienta con su aliento al niño. El frío hace delirar al anciano, que piensa, con esos consuelos de la pesadilla que huye del dolor: "Mientras él no se hiele, yo no me hielo".

Aurelio ve que de repente entran en la nave del templo tres personajes vestidos de púrpura y oro, con sendas coronas en la frente; son, como el buey y la mula, figuras de nacimiento de tamaño natural. Bien los conoce: son Baltasar, zapatero y clarinete en la murga del municipio; Melchor, sacristán y figle de la banda; Gaspar, panadero y cornetín. Los Reyes Magos rodean el lecho del anciano. "¡Se muere de frío!", dijo Melchor.

—"¡Se hiela en esta noche eterna del mundo sin fe, sin esperanza, sin caridad!". Esto lo dijo Gaspar.

Y Baltasar, suspirando: "Cubrámosle con nuestro manto".

Y Baltasar entonces echó sobre el Pontífice León XIII, que este era el anciano del lecho humilde, echó su manto pesado de púrpura, y Gaspar el suyo, y Melchor el suyo.

El buey, que los veía, dejó un momento al Niño, y vino también a calentar con su aliento al Papa, que se moría de frío.

Aurelio Marco, de rodillas, sentía la inefable emoción del dolor religioso, de la sumisión piadosa a las despiadadas lecciones del misterio impenetrable y santo. "¡El Niño, en la cuna, *muriendo de frío* al nacer!; ¡el anciano, el Pontífice, sucesor de Pedro, vicario del Niño en la tierra, muriendo de frío en la extrema vejez!".

El buey, Aurelio lo conocía, era el *buey mudo* disfrazado, Santo Tomás, que con el aliento de su doctrina quería calentar al Papa aterido. Los mantos de los *Reyes* eran: la tradición respetada; las grandezas del mundo que se adherían a la Iglesia para salvar el *capital* de la civilización cristiana; el poder de la herencia de la fe, de la belleza mística...

Todo era en vano; el viejo daba diente con diente.

Los Reyes Magos ya no sabían qué hacer; cómo dar un poco de calor al cuerpo débil que los temblores sacudían.

Miraban al cielo. Por la parte del ábside derruido se veía la bóveda estrellada. Allí estaba quieta, como un ascua de oro, su guía fiel, la estrella de Oriente... pero fría, como todas las demás, indiferente.

—¡Si saliera el sol! ¡Si saliera el sol! —decían los Reyes Magos.

Y arropaban bien, ciñéndole los mantos al triste cuerpo consumido, al Papa, que se moría de frío.

Y el Papa, de tarde en tarde, sonriendo entre los temblores, levantaba la cabeza y miraba hacia la cuna del pesebre, en el altar mayor. En el delirio, cuajado en su cerebro, pensaba:

"Mientras Él no se hiele, yo no me hielo".

Y Melchor, Gaspar y Baltasar, como un coro, repetían:

"¡Si saliera el sol! ¡Si saliera el sol!".

El Quin

Lo siento por los que en materias de gusto no tienen más criterio que la moda, y no han de encontrar de su agrado esta verídica historia, porque en ella se trata de estudiar *el estado de alma* de un perro; y ya se sabe que el arte psicológico, que estuvo muy en boga hace muchos años, y volvió a estarlo hace unos diez, ahora les parece pueril, arbitrario y soso a los *modistos* de las letras parisienses, que son los tiranos de la *última novedad.*

Los griegos, los clásicos, no tenían palabra para el concepto que hoy expresamos con esta de la moda; allí la belleza, por lo visto, según Egger, no dependía de estos vaivenes del capricho y del tedio. ¡Ah!, los griegos hubieran podido comprender a mi héroe, cuya historia viene al mundo un poco retrasada, cuando ya los muchachos de París y hasta los de Guatemala, que escriben revistas efímeras, se burlan de Stendhal y del mismísimo Paul Bourget.

De todas suertes, el *Quin* era un perro de lanas, blanco. Él no sabía por qué le llamaban el *Quin,* pero estaba persuadido de que este era su nombre y a él atendía, satisfecho con este conocimiento relativo, como lo están los filósofos positivistas con los suyos, que llama Clay conocimientos sin garantía, y que no alcanzan más firme asiento. Si hubiera sabido firmar, y poco le faltaba, porque perro más listo y hasta nervioso no lo ha habido, hubiera firmado así: El *Quin;* sin sospechar que firmaba, aunque con muy mala ortografía: *Yo el rey.* Sí, porque sin duda su verdadero nombre era *King,* rey; sólo que las personas de pocas letras con quien se trataba pronunciaban mal el vocablo inglés, y resultaba en español *Quin,* y así hay que escribirlo.

Mayor ironía, por antífrasis, no cabe; porque animal que menos *reinase* no lo ha habido en el mundo. Todos mandaban en él, perros y hombres, y hasta los gatos; porque le parecía una preocupación de raza, indigna de un pensador, dejarse llevar del instinto de antipatía inveterado que hace enemigos de gatos y perros sin motivo racional ninguno.

El *Quin* había nacido en muy buenos pañales; era hijo de una perrita de lanas muy fina, propiedad de una señorita muy sensible y muy rica, que se pasaba el día comiendo bombones y leyendo novelas inglesas de Braddon, Holifant y otras escritoras británicas. Nació el *Quin,* con otros cuatro o cinco hermanos, en una cesta muy mona, que bien puede llamarse dorada cuna; a los pocos días, la muerte, más o menos violenta, de sus compañeros de cesta le dejó solo a sus anchas con su madre. La señorita de las novelas le cuidaba como a un príncipe heredero; pero según crecía el *Quin,* y crecía muy deprisa, iba marchitando las ilusiones de su ama, que había soñado tener en él un perrito enano, una miniatura de lana como seda. La lana empezó a ser menos fina que la de la madre, aunque muy blanca y rizosa; la piel era como raso, purísima, sonrosada... pero el *Quin* ¡daba cada estirón! Un perito declaró a la señorita fantástica que se trataba de un bastardo; aquella perrita ¡preciso es confesarlo! había tenido algún desliz; había allí contubernio; por parte de padre el *Quin* era de sangre plebeya sin duda... De aquí se originó cierto despego de la sensible española-inglesa respecto del perro de sus ensueños; sin embargo, se le atendía, se le trataba como a un infante, si no ya como a príncipe heredero. Al principio, por miedo que lo arrojaran a la calle, a la vida de vagabundo, que le horrorizaba, porque es casi imposible para un perro, sin el pillaje y el escándalo; al principio, digo, el *Quin* procuró mantenerse en la gracia de su dueño haciendo olvidar el vicio grosero de su crecimiento aborrecido, a fuerza de ingenio... y, valga la verdad, payasadas.

Un escritor muy joven y de mucho talento, Mr. Pujo, en un libro reciente hace una observación muy atinada, que no me coge de nuevas, respecto de lo mucho que se engañan las personas mayores, de *juicio,* respecto del alcance intelectual de los niños. El niño, en general, es mucho más precoz de lo que se piensa. Yo de mí sé decir que, cuando contaba muy pocos años, me reía a solas de los *señores* que me negaban un *buen sentido* y un *juicio* que yo poseía hacía mucho tiempo, para mis adentros. Pues esto que les suele pasar a los niños, le pasaba al *Quin,* que había llegado a entender perfectamente el lenguaje humano a su manera, aunque no distinguía las palabras de los gestos y actitudes porque en todo ello veía la expresión directa de ideas y sentimientos. El *Quin* no acababa de comprender por qué extrañaban los hombres que él fuera tan inteligente; y los encontraba ridículos cuando los veía tomar por habilidad suma el tenerse en dos pies, el cargar con un bastón al hombro, hacer el ejercicio, saltar por un aro, contar los años de las personas con la pata, etc., etc. Todas estas nimiedades que le conservaban en el favor relativo de su ama, le parecían a él indignas de sus altos pensares, cosa de comedia que le repugnaba. Si se le quería por payaso, no por haber nacido allí, en aquel palacio, poco agradecimiento debía a tal cariño. Además, delante de otros perros menos mimados, que no hacían títeres, le daba vergüenza aquel modo de ganar la *vita bona.* Él deseaba ser querido, halagado por el hombre, porque su naturaleza le pedía este cariño, esta alianza misteriosa, en que no median pactos explícitos, y en que, sin embargo, suele haber tanta fidelidad... a lo menos por parte del perro. "Quiero amo, decía, pero que me quiera por perro, no por prodigio. Que me deje crecer cuanto sea natural que crezca, y que no me enseñe como un portento, poniéndome en ridículo".

Y huyó, no sin esfuerzo, del palacio en que había visto la luz primera.

* * *

Pasaba junto a la puerta de un cuartel, y el soldado que estaba de centinela le llamó, le arrojó un poco de queso y el *Quin,* que no había comido hacía 12 horas, porque todavía no sabía buscárselas, mordió el queso y atendió a las caricias del soldado. ¿Por qué ir más lejos? Él, amo sí lo quería; la vida de *perdis* le horrorizaba: si le admitían, se quedaría allí. Y se quedó. Ocultó al regimiento, que a poco *prohijó* al animal, las habilidades que tenía; pero dejó ver su nobleza, su lealtad; y todo el cuartel estaba loco de contento con el *Quin,* cuyo nombre se supo porque lo llevaba grabado en el collar de cuero fino con que se había escapado.

Desde el coronel al último recluta, todos se juzgaban dueños y amigos *pro indiviso* del noble animal. El *Quin* ocultaba sus gracias, su gran ingenio, pero se esmeraba en las artes de la buena conducta, era leal, *discreto* en el trato, *varonil,* hasta donde puede serlo un perro; en su fidelidad al regimiento no había nada de amanerado, de comedia. Era el encanto y el orgullo del cuartel y a él no le iba mal del todo con aquella vida. Desde luego la prefería a la del palacio. A lo menos aquí no era un bufón, y podía crecer y engordar cuanto quisiera. Huía de que le cortaran la lana al ras del pellejo, porque no quería lucir la seda de color de rosa de su piel; no quería mostrar aquellas pruebas de su origen aristocrático. La lana larga le parecía mejor para su modestia, para su incógnito; la llevaba como una mujer honesta y hermosa lleva un hábito. Procuraba estar limpio, pero nada más.

Trabó algunas amistades por aquellos barrios y le presentaron sus compañeros en el oficio de azotacalles a una eminencia que llamaba muchísimo la atención en Madrid por aquella época. Le presentaron al *perro Paco.* El *Quin* le saludó con mucha frialdad. Le caló en seguida. Era un *poseur,* un cómico, un bufón público. En el fondo era una medianía; su talento, su instinto, que tanto admiraban los madrileños, eran vulgares; el *perro Paco* tenía la poca dignidad de hacer valer aquellas habilidades que otros canes ocultaban por pudor, por dignidad, por no merecer la aclamación humillante de los hombres, que se asombraban de que un perro tuviera sentido común. Entre los perros, *Paco* llegó pronto a desacreditarse; los más grandes de su especie, o lo que fuese, le despreciaban en medio de sus triunfos populares; prostituía el honor de la raza; todo su arte era una superchería; todo lo hacía por la *gloria;* llegó al histrionismo y al libertinaje asqueroso. Las vigilias de los colmados, sus hazañas de la plaza de toros las vituperaban los perros dignos, serios, valientes y las miraban como Agamemnon y Ayax, de Shakespeare, los chistes y agudezas satíricas de Tersites.

El *Quin* era de los que le desdeñaban más y mejor, sin decírselo. El *perro Paco* cada vez que le encontraba se *ponía colorado,* como se ponen colorados los perros negros, es decir, por los ojos, y en su presencia afectaba naturalidad y fingía estar cansado de aquella vida de *parada,* de exhibición y plataforma. Por no ver aquellas cosas, el *Quin* deseaba salir de la corte. "Perro chistoso, pensaba el *Quin,* recordando a Pascal, mal carácter". Empezó, además, a encontrar poco digna de su pensamiento más hondo, la vida del cuartel. Algunos soldados eran groseros, abusaban de su docilidad... y aquella fama de perro leal que tenía y tanto había cundido, acabó por molestarle. Deseaba oscurecerse, irse a *provincias;* pero ¿con quién?

* * *

Un comandante del regimiento que había declarado al *Quin,* si no *hijo, perro adoptivo,* tenía pendiente de resolución en las oficinas de Clases pasivas la jubilación de un pariente cercano, y con el tal comandante solía *nuestro héroe* entrar en aquellas oficinas; pero es claro que no pasaba de la portería, donde le toleraban; y allí esperaba a que saliera *su* comandante para irse de paseo con él. Pues en aquella portería, donde el *Quin* llevaba grandes plantones, encontró la persona con quien pudo realizar su gran deseo de marcharse a provincias.

Observaba el *Quin* que, después de mayor o menor lucha con los porteros, todos los que pretendían entrar a vérselas con los empleados, lo conseguían. Notó el perro que los más audaces, los más groseros en sus modales eran los que entraban más fácilmente, aunque no fueran personajes. Los tímidos sudaban humillación y vergüenza antes de vencer la resistencia de los cancerberos con galones. Y un joven delgado, de barba rala, de color cetrino, de traje no muy lucido, de ojos azules claros muy melancólicos, a pesar de no faltar ni un día solo a la portería defendida como una fortaleza, nunca podía pasar adelante; y eso que, a juzgar por el gesto de ansiedad que ponía cada vez que le negaban el permiso de entrar donde tanto le importaba, aquella negativa debía de causarle angustias de muerte. El *Quin,* tendido en un felpudo, con el hocico entre las patas, seguía con interés y simpatía la pantomima cotidiana del portero y el joven cobarde.

El cancerbero ministerial le leía en los ojos al mísero provinciano (que lo era, y harto se le conocía en el acento) que venía sin más recomendaciones y sin más ánimos que otras veces; y en él desahogaba toda su soberbia y todo su despotismo vengándose de los desprecios de otros más valientes. En el rostro del joven se pintaba la angustia, la desesperación; se leía un momento, un relámpago de energía, que pasaba para dejar en tinieblas de debilidad y timidez aquella cara abandonada a la expresión de la tristeza abatida.

Llegó a conocer el *Quin* que el portero todavía tenía en menos al tal muchacho que a él mismo, con ser perro. Puede que primero le hubiera dejado pasar a él a preguntar por su expediente.

El de los pantalones de color de canela, como el *Quin* llamaba para sus adentros al provinciano de barba rala, se sentaba en un banco de felpa y allí se estaba las horas muertas, como podía estar un saco, para los efectos del caso que le hacían.

Por algunos pedazos de conversación que el *Quin* sorprendió, supo que aquel chico venía de una ciudad lejana a procurar poner en claro los servicios de su padre, difunto, a fin de obtener una corta pensión de viuda para su madre, pobre y enferma. No tenía padrinos, luego no tenía razón; ni siquiera le permitían ponerse al habla con el *alto empleado* que se empeñaba en interpretar mal cierto decreto; equivocación, o mala voluntad, de que nacían los apuros del pretendiente, llamémosle así. Pretendiente de justicia, el más desahuciado.

A fuerza de verse muchas veces solos en la portería el *Quin* y Sindulfo (el nombre del tímido mancebo), con el compañerismo de su humildad, de aquel *non plus ultra* que los detenía en el umbral de la gracia burocrática, llegaron a tratarse y estimarse. Los dos se tenían a sí propios, en muy poco; los dos sentían la sorda, constante tristeza de estar debajo, y sin hablarse, se comprendían. De modo que, con menos que pocas palabras sin más que algunas muestras de deferencia, tal como dejarle el *Quin* un sitio mejor que el suyo a Sindulfo, algunas caricias de una mano y otras de un hocico, se hicieron muy buenos amigos. Y cuando ya lo eran, y compartían en silencios eternos su común desgracia de ser insignificantes, una tarde entró un mozo de cordel con un telegrama para Sindulfo, que se puso pálido al ver el papelito azul. Apenas era nada. La muerte de su madre; todo lo que tenía en el mundo. Se desmayó; el portero se puso furioso; le dieron, al provinciano, de mala gana un poco de agua, y en cuanto pudo tenerse en pie casi le echaron de allí. Sindulfo no volvió a las oficinas de Clases Pasivas. ¿Para qué? La viuda ya no necesitaba viudedad; se había muerto antes de que le arreglaran el expediente. Nuestros covachuelistas jamás cuentan con eso, con que somos mortales.

Pero no perdió Sindulfo el amigo que había ganado en la portería. La tarde de su desgracia el *Quin* dejó, sin despedirse, al comandante, y siguió al huérfano hasta su posada humilde.

En la soledad del Madrid desconocido, el provinciano de los pantalones de color de canela no tuvo más paño de lágrimas, si quiso alguno, que las lanas de un perro.

* * *

Y en un coche de tercera se fueron los dos a la ciudad triste y lejana de Sindulfo. El *Quin,* por no separarse de su amo, se agazapó bajo un banco, y así llegó *a la provincia;* lo que él quería; a la oscuridad, al silencio.

Aquel poco ruido y poco tránsito de las calles le encantaba al *Quin.* Le parecía que salía a la orilla después de haber estado zambullido entre las olas de un mar encrespado.

Se trataba con pocos perros. Prefería la vida doméstica. Su amo vivía en una casita humilde, pero bien acariciada por el sol, en las afueras. Vivía con una criada. Por la mañana iba a un almacén donde llevaba los libros de un tráfico que no había por la tarde. Y entonces volvía junto al *Quin,* y trabajaba silencioso, triste, en obras primorosas de taracea, que eran su encanto, su orgullo, y una ayuda para vivir. El ruido rápido, *nervioso,* de la sierrecilla, algo molestaba al *Quin* al principio; pero se acostumbró a él, y llegó a dormir grandes siestas mecido por aquel ritmo del trabajo.

¡Ay, respiraba! Aquello era vivir.

Los primeros meses Sindulfo trabajaba en la marquetería callado, triste. A veces se le asomaban lágrimas a los ojos.

"Piensa en su madre", se decía el *Quin;* y batía un poco la cola, y alargando el hocico se lo ponía al amo sobre las flacas rodillas, que cubría el paño de color de canela. Una tarde de mayo el *Quin* vio con grata sorpresa que su dueño, después de terminar una torre gótica de tejo, sacaba de un estuche una flauta y se ponía a tocar muy dulcemente.

¡Qué encanto! Aquellas dancitas antiguas, aquellas melodías románticas, monótonas pero de sencillez y naturalidad simpáticas, apacibles, entrañables, le sabían a gloria al perro.

El *Quin* nunca había amado. Las perras le dejaban frío. Aquella brutal poligamia de la raza le hacía repugnante el amor sexual. Además, ¡qué escándalos daban los suyos por las calles! ¡Y qué lamentables complicaciones fisiológicas las de la cópula canina! "Si algún día me enamoro, pensó, será en la aldea, en el campo".

La flauta de su dueño le hacía pensar en el amor, no en los amores. Para temperamentos como el del *Quin,* la amistad puede ser un amor tibio; sublime en la solidez de su misteriosa tibieza.

Sus amores eran su dueño. Le leía en los ojos, y en el modo de trabajar en la taracea, y, sobre todo, en el de tañer la flauta, el fondo del alma. Era un fondo muy triste, no desesperado, pero sí desconsolado. Era Sindulfo hombre nacido para que le quisieran mucho, pero incapaz de procurar traer a casa el amor, en pasando de la personalidad ínfima de un perro. Había llevado al *Quin;* no se atrevería a llevar una compañera, mujer o querida.

Pero Sindulfo, como el *Quin,* en la paz tenía un bálsamo. Sí, se comprendían por señas, por actos acordes. La vida sistemática, el silencio en el orden, la ausencia de peripecias en la vida, como una especie de castidad; la humildad como un ambiente. Esto querían.

El cariño del *Quin* era más fuerte, más firme que el de Sindulfo. El perro, como inferior, amaba más. No temía, sin embargo, una rival. "No, pensaba el perro; aquí no entrará una mujer a robarme este halago. Mi amo no me dejará nunca por una esposa ni por una querida. No se atreve con ellas".

* * *

—Nos vamos al campo, amigo, entró un día diciendo Sindulfo. Y se fueron. A pocas leguas de la ciudad, donde la madre había dejado unas poquísimas tierras que llevaba en renta un criado antiguo, Sindulfo iba a pescar, y a corregir las condiciones del arrendamiento.

Al *Quin,* a la vista de los prados y los bosques y las granjas sembradas por la ladera, le corrió un frío nervioso por el espinazo. Se acordó de su antiguo pensamiento: "Yo sólo podría amar en la aldea".

"¡Si todavía podré ser yo feliz con algo más que paz y resignación dulce!". Sentir esta esperanza le pareció una soberbia. Además, era una infidelidad. ¿No se había casi prometido él, en secreto, no querer más que a su amo, al amo *definitivo*?

Pero tenía disculpa su vanidad de soñar con poder ser feliz voluptuosamente, en las nuevas intensas emociones que le causaba el ambiente campesino, la soledad augusta del valle nemoroso.

Con delicia de artista contemplaba ahora el *Quin* los pasos de su vida: de la corte a la ciudad *provinciana,* de la ciudad a la aldea... Y cada paso en el retiro le parecía un paso *más cerca* de su alma. Cuanta más soledad, más conciencia de sí.

Cuando llegó la noche, los *caseros* le dejaron en la *quintana,* en la calle, delante de la casa. ¡Oh memorables horas! Las aves del corral yacían recogidas en el gallinero, y allá lejos se oían sus misteriosos murmullos del sueño perezoso. El ganado de cerda, en cubil de piedra, dormitaba soñando, con gruñidos voluptuosos; el aire movía suavemente, con plática de cita amorosa, las bíblicas y orientales hojas de la higuera; la luna corría entre nubes, y en toda la extensión del valle, hasta la colina de enfrente, resonaban como acompañamiento de la luz de plata, que cantaba la canción de la eterna poesía del milagro de la creación enigmática, resonaban los ladridos de los perros, esparcidos por las alquerías. Ladraban a la luna, como sacerdotes de un miedoso culto primitivo, o como poetas inconscientes, exasperados y tenaces en su ilusión mística.

El *Quin* se sintió unido, con nuevos lazos, de iniciación pagana, a la madre naturaleza, al culto de Cibeles... y a las pasiones de su raza... De los castaños de Indias se desprendía un perfume de simiente prolífica; amor le pareció un rito de una fe universal, común a todo lo vivo. De la próxima calleja, sumida en la oscuridad de los árboles que hacían bóveda, esperaba el *Quin* que surgiera la clave del enigma amoroso.

El alma toda, con las voces de la noche de estío, le gritaba que por aquella oscuridad iba a presentarse el misterio; por allí debía de aparecer... *la perra.*

Sintió ruido hacia la calleja... surgieron dos bultos... Eran dos mastines. Dos mastines que le comían al *Quin* las sopas en la cabeza.

El *Quin* ignoraba las costumbres de la aldea. No sabía que allí, los perros como los hombres, iban a *rondar,* a *cortejar* a las hembras.

Aquellos mastines eran dos valientes de la parroquia que habían olido perro nuevo en *ca el Cutu,* y venían a ver si era perra.

Olieron al *Quin* con cierta grosería aldeana, y, desengañados, con medianos modos le invitaron a seguirles. Iban a pelar la pava, o, como por aquella tierra se dice, *a mozas,* es decir, *a perras.*

¡Oh desencanto! La perra, en el campo, como en la corte, como en la ciudad, vivía en la poligamia.

El *Quin,* sin embargo, no resistió a la tentación; y más por la ira del desengaño, que por la seducción de la noche de efluvios lascivos, siguió a los mastines; como tantos poetas de alma virginal, tras la muerte helada del primer amor puro, se arrojan a morder furiosos la carne de la orgía. El *Quin-Rollá* pasó aquella noche al sereno.

* * *

Siguió a los mastines por la calleja oscura, sin saber a punto fijo adónde le llevaban, aturdido, lleno de remordimientos y repugnancia antes del pecado. Le zumbaban los oídos. Pero iba. Era la inercia del mal, de la herencia de mil generaciones de perros lascivos.

Desembocaron en los prados anchos, iluminados por la luna, cubiertos por una neblina, recuerdo del diluvio según Chateaubriand, la cual, como una laguna de plata, inundaba el valle. Era sábado. Los mozos de todas las parroquias del valle *cortejaban* en las misteriosas oscuridades poéticas de las dos colinas que al Norte y al Sur limitaban el horizonte, junto a las alquerías escondidas en la espesura de castaños y robledales.

El *ixuxú* prehistórico del aldeano celta resonaba en las entrañas de las laderas y bajo las bóvedas de los bosques, mezclándose con el canto del grillo, la wagneriana exclamación estridente de la cigarra y el ladrido de los perros lejanos.

Jamás es la prosa del vicio grosero tan aborrecible como cuando tiene por escenario la poesía de la naturaleza.

En aquel valle, de silencio solemne, que hacían resaltar los lamentos de los animales en vela, aquellos gritos como perdidos en la inmensa soledad callada de la tierra y el aire; en aquella extensión alumbrada con luz elegiaca por la eterna romántica del cielo, ¡cuánto hubiera deseado el *Quin* alguna pasión casta, un amor puro!... Pronto se enteró de lo que ocurría. Se trataba de una *pe-*

rra nueva que había llegado a una de aquellas parroquias rurales por aquellos días. La escasez de perras en la aldea es uno de los males que más afligen a la raza canina del campo; por una selección interesada, en las alquerías se proscribe el sexo débil para la guarda de los ganados y de las casas; y al perro más valiente le cuesta una guerra de Troya el más pequeño favor amoroso, por la competencia segura de cien rivales.

Pero aquellos mastines hicieron comprender al *Quin* aquella noche, con datos de observación, que menos racionalmente obraban los hombres. Al fin, los perros se atacaban, se mordían para conquistar una hembra, o por lo menos alcanzar la prioridad de sus favores; pero los *mozos* de la aldea, que gritaban *¡ixuxú!* y, como los perros, atravesaban los prados a la luz de la luna, y se escondían en las cañadas sombrías, y daban asaltos a los hórreos y *paneras* en mitad de la noche, ¿por qué se molían a palos y se daban de puñaladas con navajas barberas y disparaban *ad vultum tuum* cachorrillos y revólveres? Por el amor de la guerra; porque, pacíficamente, hubieran podido repartirse las zagalas casaderas, que abundaban más que los zagales y no eran tan recatadas que no echaran la *persona* (galanteo redicho, conceptuoso, a lo galán de Moreto), con diez o doce en una sola noche, a la puerta de casa, a la luz de las estrellas, como Margarita la de *Fausto,* menos poéticas, pero más provistas de armas defensivas de virginidad putativa, gracias a los buenos puños.

Sí; los hombres, como los perros, hacían del valle poético, en la noche del sábado, campo de batalla, disputándose en la soledad la presa del amor. La diferencia estaba en que las aventuras perrunas llegaban siempre al matrimonio consumado, aunque deleznable y en una repugnante poligamia, mientras los deslices graves eran menos frecuentes entre mozos y mozas.

* * *

Al amanecer, jadeante, despeado, con una cuarta de lengua fuera, la lana mancillada por el lodo de cien charcos, el *Quin* llegó a la puerta de la granja en que descansaba su amo, arrepentido de delitos que no había cometido, con la repugnancia y el dejo amargo de placeres furtivos que no había gustado. Traía la vergüenza de la bacanal y la orgía, sin la delicia material de sus voluptuosidades. La perra dichosa, tan disputada por 80 mastines aquella noche, había repartido sus favores a diestro y siniestro; pero la timidez, la frialdad del *Quin,* no habían sido elementos a propósito para fijar un momento la atención de aquella Mesalina de caza; porque era de caza.

En fin, nuestro héroe volvió a la puerta de su amo sin haber conocido perra aquella noche, y en cambio humillado por las patadas y someros mordiscos de otros perros, que le habían creído rival y le habían maltratado.

Pero faltaba lo peor. Sindulfo, el dueño, más querido que todas las perras del mundo, había desaparecido. Se había ido de pesca antes de amanecer. El *Quin* no sabía adónde. Esperó todo el día a la puerta de la granja, y el amo no pareció. Ni de noche vino. Al día siguiente supo el *Quin* que un recado urgente de la ciudad le había hecho abandonar su proyectada estancia en el campo y volverse al almacén, donde era indispensable su presencia. Más supo el perro: el *casero* de Sindulfo, el aldeano que llevaba en arriendo sus cuatro terrones, se había enamorado del buen carácter del animal, y había suplicado a Sindulfo que se lo dejara en la granja, ya que él no tenía perro por entonces. Y el *Quin,* en calidad de comodato, estaba en poder de aquellos campesinos.

Toda la extensión del ancho valle le pareció un calabozo, una insoportable esclavitud.

Él era humilde, obediente, resignado; pero aquella ingratitud del amo no podía sufrirla. ¡Cómo! ¡El destino enemigo le castigaba tan rudamente al primer desliz! ¡Sólo por una tentativa, casi involuntaria, de crápula pasajera, le caía encima el tremendo azote de quedarse sin el amparo del único real cariño que tenía en el mundo! No pensaba el *Quin* que esta forma toman los más exquisitos favores de la gracia; que los deslices de los llamados a no tenerlos tienen pronta y aguda pena, para que el justo no se habitúe al extravío.

Tomó vientos, y con la nariz abierta al fresco Nordeste, como hubiera hecho Ariadna, a ser podenco, el *Quin,* huyendo de la alquería a buen trote, buscó el camino de la ciudad y llegó a su casa de las afueras en pocas horas.

No le recibió de buen talante Sindulfo, aunque orgulloso del apego del perro a su persona y de la hazaña del viaje; pero el *Quin* tuvo que volver a la aldea, porque la palabra es palabra, y el préstamo del perro había de cumplirse. No se rebeló el humilde animal. Ante un mandato directo y terminante, ya no se atrevió a invocar los fueros de su libertad.

El cariño le ataba a la obediencia. Aquel amo lo había escogido él entre todos. Era el amo absoluto. Lloró a su modo la ingratitud, y la pagó con la lealtad, viviendo entre aquellos groseros campesinos, que le trataban como a un villano mastín de los que daba la tierra.

Al principio la vida de la aldea, con su prosa vil de corral, le repugnaba; pero poco a poco empezó a sentir, como nueva cadena, la fuerza de la costumbre. Empezó a despreciarse a sí mismo al verse sumirse, sin gran repugnancia ya, en aquella existencia de vegetal semoviente.

Y, ¡horror de los horrores!, empezó a perder la memoria de la vida pasada, y con ella su ideal: el cariño al amo. No fue que dejara de quererle, dejó de acordarse de él, de verle, de sentir lo que le quería; velo sobre velo, en su cerebro fueron cayendo cendales de olvido; pero olvidaba... las imágenes, las ideas; desapareció la figura de Sindulfo, en concepto de *amo,* el de *ciudad,* el de *aquellos tiempos.* Perro al fin, el *Quin* no era ajeno a nada de lo canino, y su cerebro no tenía fuerza para mantener en actualidad constante las imágenes y las ideas. Pero le quedó el dolor de su desencanto; de lo que había perdido. Siguió padeciendo sin saber por qué. Le faltaba algo, y no sabía que era su amo; sentía una decepción inmensa, radical, que entristecía el mundo, y no sabía que era la de una ingratitud.

¡Quién sabe si muchas tristezas humanas, que no se explican, tendrán causas análogas! ¡Quién sabe si los poetas irremediablemente tristes, serán ángeles desterrados... del cielo... y sin memoria!

El *Quin* se amodorraba; como no tenía el recurso de hacerse simbolista, ni de crear un sistema filosófico, ni una religión, se dejaba caer en la sensualidad desabrida como en un pozo; escogía la forma más pasiva de la sensualidad, el sueño; siempre que le dejaban, estaba tendido, con la cabeza entre las patas. Y con la paciencia de Job, un Job sin teja, miraba las moscas y los gusanos que se emboscaban en sus lanas, sucias, largas, desaliñadas, lamentables.

Y así pasó mucho tiempo. Era el perro más soso del valle. No vivía para afuera ni para adentro; ni para el mundo ni para sí. No hacía más que dormir y sentir un dolor raro.

* * *

Una tarde, dormitaba el perro de lanas sobre la *saltadera* del muro que separaba la *corrada* de la *llosa,* por entre cuya verdura de maíz iba el sendero, que llevaba a la carretera, haciendo eses. Por allí se iba a la ciudad, y el *Quin* despertó mirando con ojos entreabiertos la estrecha cinta de la trocha, según instintiva costumbre, sin acordarse ya de que por allí había marchado el ingrato amigo.

De repente, sintió... un olor que le puso las orejas tiesas, le hizo erguir la cabeza, gruñir y después lanzar dos o tres ladridos secos, estridentes, nerviosos. Se puso en pie. Oyó un rumor entre el maíz. ¡Aquel olor! Olía a una resurrección, a un ideal que despertaba, a un amor que salía del olvido como un desenterrado... Al olor siguió una voz... El *Quin* dio un salto... y en aquel instante, allá abajo, a los pocos metros, apareció Sindulfo, con su pantalón canela todavía.

De un brinco el *Quin* se arrojó de la pared sobre su amo; y en dos pies, con la lengua flotando al aire como una bandera, se puso a dar saltos como un *clown* para llegar a las barbas ralas del dueño, que reaparecía brotando entre las tinieblas del olvido de latente dolor nostálgico.

¡Todo lo comprendía el *Quin!* ¡Aquello era lo que le dolía a él sordamente! ¡Aquella ausencia, aquella ingratitud, que ya estaba perdonando, en cuanto se hizo cargo de ella! ¡Perdonaba, ya lo creo! ¿Cómo no, si el ingrato estaba otra vez allí?

Saltaba el *Quin,* aullando tembloroso de delicia suprema... Saltaba... y en uno de estos saltos, en el aire, sintió que, como con una sierra de agudísimos dientes, le cogían por mitad del cuerpo y le arrojaban en tierra. Mientras el lomo le dolía con ardor infernal, sintió que le oprimían el pecho y el vientre con dos patazas de fiera, y vio, espantado, sobre sus ojos la faz terrible de un enorme perro danés, gigante, que le enseñaba las fauces ensangrentadas, amenazando tragarle...

Acudió Sindulfo y libró a su pobre *Quin* de las garras de la muerte.

—¡Fuera, *Tigre*! ¡Malvado! ¿Habráse visto? ¡Son celos, ja, ja; son celos!

Cuando el *Quin* volvió de su terror y aturdimiento, se enteró de lo que pasaba. Ello era que con Sindulfo venía su nuevo amigo fiel, el *Tigre,* un perro danés de pura raza, fiera hermosa y terrible.

No consentía rivales ni enemigos de su amo, y al ver los extremos de aquel perruco de lanas, se había lanzado a defender a su dueño o a librarle de caricias que a él, al *Tigre,* le ofendían.

Sí; tal era la triste verdad. El *Quin* había hecho nacer en Sindulfo el amor genérico a la raza canina; el individuo ya le era indiferente; no podía vivir sin perro, y ahora tenía otro, al cual le unían lazos firmes y estrechos. ¡Cosa más natural!

Sindulfo acarició al *Quin,* le cató las heridas, que eran crueles; pero en el fondo estaba orgulloso y satisfecho de la hazaña del *Tigre.* ¡Qué celo el de su danés!

Aquella noche la pasó el *Quin* desesperado de dolor; con ascuas de fuego material en las heridas de sus lomos, y fuego de un infierno moral en las entrañas de perro sensible.

¡Para esto volvía el recuerdo, para esto renacía la clara conciencia de la amistad perdida! No pudo resistir su pasión.

Se pasó la horrible noche rascando la puerta del cuarto de Sindulfo; y por la mañana, cuando la abrieron, saltó dentro de la alcoba con ímpetu loco, y sin reparar en el lodo y la sangre de sus lanas miserables, se lanzó sobre el lecho en que aún descansaba el amo ingrato, saltando por encima del *Tigre,* que en vano quiso coger por el aire al intruso.

El *Quin,* tembloroso, casi arrepentido de su hazaña, se refugió en el regazo de su dueño, dispuesto a morir entre los dientes del rival odiado, pero a morir al calor de aquel pecho querido.

No hubo muertes; Sindulfo evitó nuevos atropellos; pero aquella tarde dejó la aldea, se volvió a la ciudad con el *Tigre,* y se despidió del *Quin* con tres palmadas y prohibiéndole que le acompañara más allá de la *saltadera* de la *corrada.*

Y el *Quin,* herido, maltrecho, humillado, los vio partir, al amo y al perro favorito, por el sendero abajo, camino de la carretera, de la ciudad, del olvido...

Era la hora del *Ángelus;* en una capilla que había al lado de la granja se juntaba la gente de la aldea a rezar el rosario. Iban los campesinos entrando en el templo, sin fijarse en el *Quin* y menos en sus penas.

El perro de lanas, cuando perdió de vista al ingrato, dejó su atalaya, anduvo un rato aturdido, y al oír el rumor de la oración en la capilla, atravesó el umbral y se metió en el sagrado asilo. No entendía aquello; pero le olía a consuelo, a último refugio de espíritus buenos, doloridos. Mas cuando sentía estas vaguedades, sintió también una grandísima patada que uno de los fieles le aplicaba al cuarto trasero para arrojarlo del recinto.

"Es verdad", pensó; saliendo de prisa sin protestar.

"¿Qué hago yo ahí? *Lo que los perros en misa.* Yo no tengo un alma inmortal. Yo no tengo nada". Y volvió a su atalaya, en adelante inútil, *de la saltadera,* sobre el muro que dominaba el sendero, el sendero de la eterna ausencia.

No pudiendo con el peso de sus dolores, se dejó caer, más muerto que echado... Oscurecía; el cielo plomizo parecía desgajarse sobre la tierra. Metió la cabeza entre las patas y cerró los ojos... Para él no había religión, para él no había habido amor; había despreciado la vanidad, la ostentación; se había refugiado en el afecto tibio, sublime en su opaca luz, de la amistad fiel... y la amistad le vendía, le ultrajaba, le despreciaba...

Y para colmo de injurias, volvería la condición de su cerebro, de su alma *perruna,* a traerle el olvido rápido del ideal perdido... y le quedaría el dolor sordo, intenso, sin conciencia de su causa...

¡Pobre *Quin*! Como era un perro, no podía consolarse pensando que, con eso y con todo, a pesar de tanta desgracia, de tanta miseria, sólo por haber sido humilde, leal, sincero, era más feliz que muchos *reyes* de los que más ruido han hecho en la tierra.

Don Patricio o el premio gordo en Melilla

—¿Por qué me llamaré yo Patricio? —se había preguntado muchas veces, para sus adentros, el señor de Caracoles, mientras metía las manos en los bolsillos de los pantalones, que siempre traía repletos de oro y plata, y sacudía con los dedos, haciéndolo sonar, el vil metal que le hacia cosquillas al saltar sobre los muslos.

"¡Patricio Clemente Caracoles y Cerrajería!". —"Los apellidos, seguía pensando, están bien; sobre todo el materno, me tiene orgulloso; es toda una garantía. Cerrajería, Cerra... jero, Cerrojo... ¡Magnífico! Llevo en este apellido una caja de caudales, de esas que se disparan solas contra los ladrones. Caracoles... tampoco está mal. La vida del caracol me gusta; se ha dicho: no hay hombre sin hombre; yo digo: no hay hombre sin concha; el que no sea testáceo que se muera. Pero... ¡Clemente!, ¿a qué viene eso? ¡Patricio!... Como quien dice: patriota... patriotero... ¡ay, qué risa!".

Patricio Clemente había hecho su fortuna, un fortunón, pues venía a cobrar tres onzas diarias de renta, allá en La Habana; había empezado por coime en una casa de juego y había concluido por ser dueño de ella, casi, casi en sociedad con lo más principal de la población, a lo menos desde el punto de vista de la jurisdicción y el imperio.

Después había hecho muchísimos negocios, todos muy bonitos para él; y como se había acostumbrado en su antiguo trato a cobrar *la puerta,* para él todo negocio había de tener puerta, y puerta de oro, pues siempre se había de cobrar. Él siempre, en cualquier contrato, había de sacar un diezmo de puerta, o *vi* o *clan* o *metu,* pero siempre lo sacaba. Y para tranquilizar la conciencia, se decía: "Esto es por la puerta".

También hizo millones con las *puertas* de su ciudad natal, en cuanto volvió a esta, atraído por el amor al terruño y por algunos negocios que había efectuado desde Cuba. En cuanto llegó al puerto, en vez de ponerse a cantar, como el tenor de *Marina,*

> Al ver... en la inmensa
> llanura del mar... etc.

se dijo (recitado): "Aquí los consumos deben de ser una mina, si se les hace sudar bien". Y, en efecto, cargó con los consumos, y las puertas de su ciudad natal se convirtieron en otras tantas puertas del infierno, bien guarnecidas de cancerberos, con gorra de galón dorado y sendas inscripciones, que al decir *fielato,* querían decir:

Lasciate ogni peseta, *voi ch'entrate.*

El tiempo que don Patricio no lo pasaba trabajando, esto es, explotando al prójimo, lo empleaba en una sociedad de *recreo;* y el recreo de Clemente consistía en jugar al golfo con signos convencionales.

El golfo, con aquellos semáforos, que pagaba bien, era otra mina, pero de recreo.

El verdadero recreo de don Patricio era ir a casa de los banqueros y comerciantes amigos, en los días de arqueo, a revolverles el oro, la plata y los billetes. Se ponía pálido, se quedaba mudo, con una vaga sonrisa en los labios, y fija la mirada en los montones amarillos o de papel abigarrado; no oía lo que le decían, y se acercaba a paso lento, como un gato, sin ruido, y metía las manos, con los dedos muy abiertos, entre el papel o el metal; y revolvía, revolvía; lo pesaba, contaba de memoria, como quien murmura oraciones de un culto misterioso...; y con voz ronca, lleno de emoción, acababa por balbucir:

—¡Dios mío! ¡Cuánto de esto he manejado yo en mi vida!

Y se enternecía con sus recuerdos, todos llenos de *puertas,* como Tebas.

Después, volvía en sí, se ponía colorado, pretendía sincerarse, y sacudía las manos abiertas, mostrándolas a los dependientes. "Vean ustedes, señores... Miren... miren. Conste que no me llevo nada... Es por el gusto... ¡Como uno ha contado tanto dinero!...".

* * *

Pues a este don Patricio Clemente, a poco de estallar los sucesos de Melilla, le propusieron los de la Sociedad de Recreo que se suscribiera con algo para los heridos y los huérfanos y viudas de la campaña.

—¿Con cuánto se suscribe usted, Caracoles?

—¡Caracoles! Yo *nun* me *suscribu cun* nada; porque *nun* sabe *unu* donde la tiene.

Así contesta don Patricio, que es rayano de Galicia y Asturias y habla como los gallegos de comedia.

—Pero ¿por qué no se suscribe usted?

—Primeramente por lu dichu. Ítem: porque nun sé escribir.

—Pues ponga usted una cruz.

—¡Ah, graciosín! Detrás de la cruz el diablu.

Cansado de que le dieran matraca con lo de la suscripción, don Patricio se presentó en el Círculo de Recreo cierta tarde con una idea (y manos puercas, como siempre), y después de ganar al golfo, gracias a los *tahuregramas,* según costumbre, se dirigió muy contento al salón en que se reunían los que no cobraban ni pagaban, los que gastaban saliva, desengañados de la sota y sus variedades. Y les *echó* don Patricio un discurso, lleno de *ues,* que en sustancia, y sin acento de gallego convencional, venía a decir así:

"Yo no doy dinero, por ahora y sin perjuicio; pero doy algo que vale más, porque lo vale o lo puede valer. —Vamos a ver, señores; ustedes que tanto hablan del desprendimiento de todas las clases, del patriotismo y el *catachinchín* de la augusta matrona España, que se desangra por sus hijos y requetecatachinchín (tocando los platillos con los puños), ¿qué me apuestan a que una magnífica idea que se me ha ocurrido no encuentra eco, como ustedes dicen, en la santísima nación de Recaredo y Catachinchi... dasvinto?—. Y cuenta que a nadie se le pide un cuarto, por ahora y sin perjuicio. Ello es que, como del vicio se ha de hacer virtud, y así hice yo en Cuba y bien me fue; y siendo la lotería el gran vicio nacional, y pudiendo calcularse que a la lotería de Navidad juegan casi todos los españoles, la gran *patriotada,* y sin soltar la mosca, por ahora, sería que todos los españoles que, poco o mucho, jugasen en el sorteo de Navidad, se comprometieran a entregar para los heridos, huérfanos y viudas de la campaña de Melilla... la mitad de lo que les tocase cobrar si les caía el premio gordo. Es decir: que suponiendo que ese premio asciende a ocho millones de reales, cuatro millones serían, de fijo, para los heridos y *demás* de Melilla. Comprometiéndose a lo que digo todos los jugadores, ya podían asegurar esos defensores de la patria que, sin jugar, les había caído el gordo. Y cuatro millones no son un grano de anís. En cambio el sacrificio no es grande. Lo sería ofreciéndolo después de cobrar los millones; pero cuando lo que se renuncia no es más que la mitad de una remotísima esperanza, el sacrificio no puede ser más pequeño. Pongan ustedes mi idea en los periódicos. ¿A que nadie la acepta? ¿A que nadie se compromete a entregar para Melilla la mitad del premio gordo si le toca?".

La idea de don Patricio fue acogida con grandes aplausos.

—¡Magnífico! ¡Magnífico! —gritaron los del Círculo; y se puso en los periódicos, redactada en forma, la proposición de Caracoles.

La mayor parte de los que en el pueblo tenían cuatro cuartos jugaron a la lotería, comprometiéndose, bajo palabra de honor, a entregar la mitad de lo que cobraran si les caía el gordo.

Don Patricio, Cerrajería, por parte de madre, declaró que había tenido la debilidad de tomar un billete entero, despilfarro en él inaudito; y también juró solemnemente que si le tocaban los ocho millones, cuatro eran para los heridos y *demás* de Melilla.

—Y *nun* tengu inconveniente en declarar ante *escribanu,* que en el bien *entendidu* que me toque el *gordu cedu cuatru* millones para los *necesitadus* de Melilla.

Y para mayor seguridad, don Patricio decía, a quien quería oírselo, el número de su billete.

Llegó el día del sorteo, y los del Círculo quisieron darle una broma a Caracoles para probar su patriotismo. Se fingió un telegrama, con todos los requisitos necesarios del engaño; se lo presentaron a Cerrajería, y este leyó asombrado: "Premio gordo en esa; el número tantos" (el de don Patricio). Y Caracoles exclamó:

—Está buenu, señores; está buenu.

—Y ¿qué dice usted ahora, don Clemente? ¿Entregará usted a los de Melilla sus cuatro millones?

—Nun señores; porque yo prometí en el bien entendidu que me tocara el gordu.

—Pues el gordo es este.

—Nun, señores; esto es una broma de ustedes, que son muy graciosus; pero yo soy más graciosu todavía; porque yo nun jugué nada a la lotería, nin jugaré en mi vida hasta que sea gobiernu y sea mía la *puerta.* ¡Je! ¡je! ¡Si sabré yo lu que son puertas!

El sustituto

Mordiéndose las uñas de la mano izquierda, vicio en él muy viejo e indigno de quien aseguraba al público que tenía un plectro, y acababa de escribir en una hoja de blanquísimo papel:

Quiero cantar, por reprimir el llanto,
tu gloria, oh patria, al verte en la agonía...

digo, que mordiéndose las uñas, Eleuterio Miranda, el mejor poeta del partido judicial en que *radicaba* su musa, meditaba malhumorado y a punto de romper, no la lira, que no la tenía, valga la verdad, sino la pluma de ave con que estaba escribiendo una oda o elegía (según saliera), de encargo.

Era el caso que estaba la patria en un grandísimo apuro, o a lo menos así se lo habían hecho creer a los del pueblo de Miranda; y lo más escogido del lugar, con el alcalde a la cabeza, habían venido a suplicar a Eleuterio que, para solemnizar una fiesta patriótica, cuyo producto líquido se aplicaría a los gastos de la guerra, les escribiese unos versos bastante largos, todo lo retumbantes que le fuera posible, y en los cuales se hablara de Otumba, de Pavía... y otros generales ilustres, como había dicho el síndico.

Aunque Eleuterio no fuese un Tirteo ni un Píndaro, que no lo era, tampoco era manco en achaques de malicia y de buen sentido, y bien comprendía cuán ridículo resultaba, en el fondo, aquello de contribuir a salvar la patria, dado que en efecto zozobrase, con endecasílabos y eptasílabos más o menos parecidos a los de Quintana.

Si en otros tiempos, cuando él tenía 16 años y no había estado en Madrid ni era suscriptor del *Fígaro* de París, había sido, en efecto, poeta *épico,* y había *cantado* a la patria y los intereses morales y políticos, ahora ya era muy otro y no creía en la epopeya ni demás clases del género *objetivo;* no creía más que en la poesía íntima... y en la prosa de la vida. Por esta, por la prosa de los garbanzos, se decidía a pulsar la lira pindárica; porque tenía echado el ojo a la secretaría del Ayuntamiento, y le convenía estar bien con los regidores que le pedían que *cantase.* Considerando lo cual, volvió a morderse las uñas y a repasar lo de

Quiero cantar, por reprimir el llanto,
tu gloria, oh patria, al verte en la agonía...

Y otra vez se detuvo, no por dificultades técnicas, pues lo que le sobraban a él eran consonantes en *anto* y en *ía;* se detuvo porque de repente le asaltó una idea en forma de recuerdo, que no tardó en convertirse en agudo remordimiento. Ello era que más adelante, al final que ya tenía tramado, pensaba *exclamar,* como remate de la oda, algo por el estilo:

Mas ¡ay! que temerario,
en vano quise levantar el vuelo,
por llegar al santuario
del patrio amor, en la región del cielo.
Mas, si no pudo tanto
mi débil voz, mi pobre fantasía,
corra mi sangre, como corre el llanto,
en holocausto de la patria mía.
¡Guerra! no más arguyo...
el plectro no me deis, dadme una espada:
si mi vida te doy, no te doy nada,
patria, que no sea tuyo;
porque al darte mi sangre derramada,
el ser que te debí te restituyo.

Y cuando iba a quedarse muy satisfecho, a pesar del asonante de *santuario* y *tanto,* que algo le molestaba, sintió de repente, como un silbido dentro del cerebro, una voz que gritó: ¡Ramón!

* * *

Y tuvo Eleuterio que levantarse y empezar a pasearse por su despacho; y al pasar enfrente de un espejo notó que se había puesto muy colorado.

—¡Maldito Ramón! Es decir... maldito, no, ¡pobre! Al revés, era un bendito.

Un bendito... y un valiente. Valiente... gallina. Pues *Gallina* le llamaban en el pueblo por su timidez; pero resultaba una gallina valiente; como lo son todas cuando tienen cría y defienden a sus polluelos.

Ramón no tenía polluelos; al contrario, el polluelo era él; pero la que se moría de frío y de hambre era su madre, una pobre vieja que no tenía ya ni luz bastante en los ojos para seguir trabajando y dándoles a sus hijos el pan de cada día.

La madre de Ramón viuda, llevaba en arrendamiento cierta humilde heredad de que era propietario don Pedro Miranda, padre de Eleuterio. La infeliz no pagaba la renta. ¡Qué había de pagar si no tenía con qué! Años y años se le iban echando encima con una deuda, para ella enorme. Don Pedro se aguantaba; pero al fin, como los tiempos estaban malos para todos, la contribución baldaba a chicos y grandes; un día *se cargó de razón,* como él dijo, y se plantó, y aseguró que ni Cristo había pasado de la cruz ni él pasaba de allí; de otro modo, que María Pendones tenía que pagar las rentas atrasadas o... dejar la finca. "O las rentas o el desahucio". A esto lo llamaba *disyuntiva* don Pedro, y María *el acabóse,* el fin del mundo, la muerte suya y de sus hijos, que eran cuatro, Ramón el mayor.

Pero en esto le tocó la suerte a Eleuterio, el hijo único de don Pedro, el mimo de su padre y de toda la familia, porque era un estuche que hasta tenía la gracia de escribir en los periódicos de la corte, privilegio de que no disfrutaba ningún otro menor de edad en el pueblo. Como no mandaban entonces los del partido de Miranda, sino sus enemigos, ni en el Ayuntamiento ni en la Diputación provincial hubo manera de declarar a Eleuterio inútil para el servicio de las armas, pues lo de poeta lírico no era exención suficiente; y el único remedio era pagar un dineral para librar al chico. Pero los tiempos eran malos; dinero contante y sonante, Dios lo diera; mas ¡oh idea feliz!

"El chico de la Pendones, el mayor... ¡justo!". Y don Pedro cambió la *disyuntiva* de marras y dijo: o el desahucio o pagarme las rentas atrasadas yendo Ramón a servir al rey en lugar de Eleuterio. Y dicho y hecho. La viuda de Pendones lloró, suplicó de rodillas; al llegar el momento terrible de la despedida prefería el desahucio, quedarse en la calle con sus cuatro hijos, pero con los cuatro a su lado, ni uno menos. Pero Ramón, la *gallina,* el enclenque sietemesino, alternando entre las tercianas y el reumatismo, tuvo energía por la primera vez de su vida, y a escondidas de su madre, se *vendió,* liquidó con don Pedro, y el precio de su sacrificio sirvió para pagar las rentas atrasadas y la corriente. Y tan caro supo venderse, que aún pudo sacar algunas pesetas para dejarle a su madre el pan de algunos meses... y a su novia, Pepa de Rosalía, un guardapelo que le costó un dineral, porque era nada menos que de plata sobredorada.

¿Para qué quería Pepa el pelo de Ramón, un triste mechón pálido, de hebras delgadísimas, de un rubio de ceniza, que estaban vociferando la miseria fisiológica del sietemesino de la Pendones? Ahí verán ustedes. Misterios del amor. Y no le querría Pepa por el interés. No se sabe por qué le quería. Acaso por fiel, por constante, por sincero, por humilde, por bueno. Ello era que, con escándalo de los buenos mozos del pueblo, la gallarda Pepa de Rosalía y Ramón *la gallina* eran novios. Pero tuvieron que separarse. Él se fue al servicio: a ella le quedó el guardapelo, y de tarde en tarde fue recibiendo cartas de puño y letra de algún cabo, porque Ramón no sabía escribir, se valía de amanuense, pocas veces gratuito, y firmaba con una cruz.

Este era el Ramón que se le atravesó entre ceja y ceja al mejor lírico de su pueblo al fraguar el final de su elegía u oda a la patria. Y el remordimiento, en forma de sarcasmo, le sugirió esta idea: "No te apures, hombre; así como don Quijote concluía las estrofas de cierta poesía a Dulcinea, añadiendo el pie quebrado *del Toboso,* por escrúpulos de veracidad, así tú puedes poner una nota a tus ofrecimientos líricos de *sangre derramada,* diciendo, verbigracia:

Patria, la sangre que ofrecerte quiero,
en lugar de los cantos de mi lira,
no tiene mío más, si bien se mira,
que el haberme costado mi dinero".

¡Oh, cruel sarcasmo! ¡Sí, terrible vergüenza! ¡*Cantar* a la patria mientras el pobre *gallina* se estaba batiendo como el primero, allá abajo, en tierra de moros, en lugar del *señorito!*

Rasgó la oda, o elegía, que era lo más decente que, por lo pronto, podía hacer en servicio de la patria. Cuando vinieron el alcalde, el síndico y varios regidores a recoger los versos, pusieron el grito en el cielo al ver que Eleuterio los había dejado en blanco. Hubo alusiones embozadas a lo de la secretaría; y tanto pudo el miedo a perder la esperanza del destino, que el chico de Miranda tuvo que obligarse a *sustituir* (terrible vocablo para él) los versos que faltaban con un discurso improvisado de los que él sabía *pronunciar* tan ricamente como cualquiera. Le llevaron al teatro, donde se celebraba la fiesta patriótica, y habló en efecto; hizo una paráfrasis en prosa, pero en prosa mejor que los versos rotos de la elegía u oda desgarrada. Entusiasmó al público; se llegó a entusiasmar él mismo de veras; en el patético epílogo se le volvió a presentar la figura pálida de Ramón... y mientras ofrecía, entre vivas y aplausos de la muchedumbre, *sellar* con su sangre, si la patria la necesitaba, todas aquellas palabras de amor y sacrificio, se juraba a sí propio, por dentro, echar a correr aquella misma noche camino de África, para batirse al lado de Ramón, o como pudiera, en clase de voluntario.

* * *

Y lo hizo como lo pensó. Pero al llegar a Málaga para embarcar, supo que entre los heridos que habían llegado de África dos días antes estaba en el hospital un pobre soldado de su pueblo. Tuvo un presentimiento; corrió al hospital, y... en efecto, vio al pobre Ramón Pendones próximo a la agonía.

Estaba herido, pero levemente. No era eso lo que le mataba, sino lo de siempre: la fiebre. Con la mala vida de campaña, las tercianas se le habían convertido en no sabía qué fuego y qué nieve que le habían consumido hasta dejarle hecho ceniza. Había sido durante un mes largo un *héroe de hospital.* ¡Lo que había sufrido! ¡Lo mal que había comido, bebido, dormido! ¡Cuánto dolor en torno; qué tristeza fría, qué frío intenso, qué angustia, qué *morriña!* Y ¿cómo había sido lo de la herida? Pues nada; que una noche, estando de guardia, y con una... que llamaban *desintería* que no se podía tener, se había separado un poco de su puesto, así, como... por decencia por no apestarse a sí mismo después, y allí, acurrucado, en un rayo de luna... ¡zas! un morito le había visto, al parecer, y, lo dicho ¡zas!.. había hecho blanco.

Pero en blando. Total nada; aquello nada. Pero el frío, la fatiga, los sustos, la tristeza, ¡aquello sí!... y la fiebre, la reina de sus males, le mataba sin remedio.

Y murió Ramón Pendones en brazos del *señorito,* muy agradecido y recomendándole a su madre y a su novia.

Y el señorito, más poeta, más *creador* de lo que él mismo pensaba, pero poeta épico, *objetivo,* salió de Málaga, pasó el charco y se fue derecho al capitán de Ramón, un bravo de talento, y buen corazón y fantasía, y le dijo:

—Vengo de Málaga; allí ha muerto en el hospital Ramón Pendones, soldado de esta compañía. He pasado el mar para ocupar el puesto del difunto. Hágase usted cuenta que Pendones ha sanado y que yo soy Pendones. Él era mi *sustituto,* ocupaba mi puesto en las filas y yo quiero ocupar el suyo. Que la madre y la novia de mi pobre sustituto no sepan *todavía* que ha muerto; que no sepan jamás que ha muerto en un hospital, oscuramente, de tristeza y de fiebre...

El capitán comprendió a Miranda.

—Corriente —le dijo— por ahora usted será Pendones; pero después, en acabándose la guerra... ya ve usted...

—Oh, eso queda de mi cuenta —replicó Eleuterio.

Y desde aquel día Pendones, dado de alta, respondió siempre otra vez a la lista. Los compañeros que notaron el cambio celebraron la idea del *señorito,* y el secreto del sustituto fue el secreto de la compañía.

Antes de morir, Ramón había dicho a Eleuterio cómo se comunicaba con su madre y su novia. El mismo cabo que solía escribirle las cartas, escribía ahora las que le dictaba Miranda, que también las firmaba con una cruz; pues no quería escribir él por si reconocían la letra en el pueblo.

—Pero todo eso —preguntaba el cabo amanuense— ¿para qué les sirve a la madre y a la novia si al fin han de saber?...

—Deja, deja —respondía Eleuterio ensimismado—. Siempre es un respiro... Después... Dios dirá.

La idea de Eleuterio era muy sencilla, y el modo de ponerla en práctica lo fue mucho más. Quería pagar a Ramón la vida que había dado en *su lugar;* quería ser sustituto del sustituto y dejar a los seres queridos de Ramón una buena herencia de fama, de gloria y algo de provecho.

Y, en efecto, estuvo acechando la ocasión de portarse como un héroe, pero como un héroe de veras. Murió matando una porción de moros, salvando una bandera, suspendiendo una retirada y convirtiéndola, con su glorioso ejemplo, en una victoria esplendorosa.

No en vano era, además de valiente, poeta, y más poeta épico de lo que él pensaba: sus recuerdos de la *Ilíada,* del *Ramayana,* de la *Eneida,* de *Los Lusiadas,* de la *Araucana,* del *Bernardo,* etcétera, etc., llenaron su fantasía para inspirarle un *bell morir.* Hasta para ser héroe, artista, dramático, se necesita imaginación. Murió, no como hubiera muerto el pobre Ramón en su caso, sino con *distinción,* con elegancia; su muerte fue sonada; no pudo ser un héroe anónimo; y, aunque simple soldado, su hazaña y glorioso fin llamaron la atención y excitaron el entusiasmo de todo el ejército; el general en jefe le consagró públicos y solemnes elogios; se le ascendió después de muerto; su nombre figuró en letras grandes en todos los periódicos, diciendo: "Un héroe: Ramón Pendones"; y para su madre hubo el producto de una cruz *póstuma,* pensionada, que la ayudó, de por vida a pagar la renta a don Pedro Miranda, cuyo único hijo, por cierto, había muerto también, probablemente en la guerra, según barruntaban los del pueblo, pero sin que se supiera cómo ni dónde.

* * *

Cuando el capitán, años después, en secreto siempre, refería a sus íntimos la historia, solían muchos decir:

"La abnegación de Eleuterio fue exagerada. No estaba obligado a tanto. Al fin, el otro era sustituto; pagado estaba y voluntariamente había hecho el trato".

Era verdad. Eleuterio fue exagerado. Pero no hay que olvidar que era poeta; y si la mayor parte de los señoritos que pagan soldado, un soldado que muera en la guerra, no hacen lo que Miranda, es porque poetas hay pocos, y la mayor parte de los señoritos son prosistas.

El rey Baltasar

I

Don Baltasar Miajas llevaba de empleado en una oficina de Madrid más de 20 años; primero había tenido ocho mil reales de sueldo, después diez, después doce y después... diez; porque quedó cesante, no hubo manera de reponerle en su último empleo, y tuvo que contentarse, pues era peor morirse de hambre, en compañía de todos los suyos, con el sueldo inmediato... inferior. —¡Esto me rejuvenece! —decía con una ironía inocentísima; humillado, pero sin vergüenza, porque "él no había hecho nada feo", y a los Catones de plantilla que le aconsejaban renunciar el destino por dignidad, les contestaba con buenas palabras, dándoles la razón, pero decidido a no dimitir, ¡qué atrocidad! Al poco tiempo, cuando todavía algunos compañeros, más por molestarle que por espíritu de cuerpo, hablaban con indignación del "caso inaudito de Miajas", el interesado ya no se acordaba de querer mal a nadie por causa del bajón de marras, y estaba con sus diez mil como si en la vida hubiese tenido doce.

Otras varias veces hubo tentativas de dejarle cesante, por no tener padrinos, aldabas, como decía él con grandísimo respeto; pero no se consumaba el delito; porque, a falta de recomendaciones de personajes, tenía la de ser necesario en aquella mesa que él manejaba hacía tanto tiempo. Ningún jefe quería prescindir de él y esto le valió en adelante, no para ascender, que no ascendía, sino para no caer. Sin embargo, no las tenía todas consigo, y a cada cambio de ministerio se decía: "¡Dios mío! ¡Si me bajarán a ocho!".

Por lo demás, no pensaba en la cosa pública más que cuando había crisis. Hasta que los chicos anunciaban por las calles: "¡El extraordinario con la caída del Ministerio!", don Baltasar no se acordaba de que había Estado, ni gobierno, ni intereses públicos en el mundo. Y no era que no comprase todas las noches, al retirarse, su periódico. Pero no era por la política: era por las charadas, los acertijos, anagramas, etc., etc.

Se metía en casa, y rodeado de su mujer y de sus tres hijos, dos varones y una hembra, pequeñuelos todavía, se entregaba a las dulzuras del hogar, de las zapatillas suizas, y de la sección amena de su periódico. No aborrecía el mundo, no era misántropo; pero no estaba a gusto más que entre los suyos, que eran la familia de que va hecho mérito, y unos 50 tiestos con flores, y 20 pájaros que tenía y cuidaba en un estrechísimo terrado, a que le daba derecho su cuarto piso con honores de guardilla. Era en la calle de Ferraz; desde aquella altura disfrutaba la vista de un panorama que le parecía asombroso, sobre todo por el silencio, por la soledad, por la luz esplendorosa y por el aire puro. Allí no venía a interrumpirle en sus contemplaciones de anacoreta lego o de bramán sin cavilaciones, más bicho viviente que este o el otro gato, que se le quedaba mirando, también perezoso, también soñador y amigo de aquella soledad en la altura.

Miajas bajaba al mundo pensando en sus flores, sus aves y sus hijos; se enfrascaba en los expedientes con la afición que le había ido dando el amor al cumplimiento exacto del deber, y de todo lo demás que le rodeaba allá abajo no se daba cuenta siquiera. Como donde él vivía de veras, con toda el alma, era en su cuarto piso, en su terrado principalmente, las calles, la oficina, los paseos, todo le parecía metido en un pozo rastrero, ahogado... *in inferis* —¡*Sursum corda!*, le gritaba el pecho, aunque no en latín; y en cuanto podía, ¡arriba!, ¡al terrado! *La impureza del aire* de abajo era para Miajas una preocupación constante; creía deber la salud al aire puro de su retiro empingorotado. Cuando oía hablar de las prevaricaciones y manos puercas de muchos sujetos, algunos compañeros suyos, y pensaba con orgullo, en su inmaculada honradez, en su probidad segura, achacaba la diferencia por asociación de ideas, o mejor de imágenes, a la impureza del aire que se respiraba *allá abajo.* Se le figuraba que aquellas pobres gentes que casi nunca se codeaban con los gatos allá por las nubes, que no recibían, horas y horas, los soplos del aire puro, cerca del cielo, bajo torrentes de luz, en atmósfera transparente, se iban llenando de microbios morales que producían aquellas debilidades de conciencia, aquellas tristes caídas. Pero, en general, pensaba muy poco en todo esto. No le importaba lo que hacían los demás, y tampoco dedicaba mucho tiempo a recordar los propios méritos y servicios. Así, que casi tenía olvidadas ciertas visitas que le habían hecho *illo tempore,* en su humilde guardilla disimulada, ilustres personajes de la política y del foro. Dos habían sido los señorones que habían venido a pedir algo al pobre Miajas a tales alturas.

La oficina de don Baltasar era muy importante porque en ella se despachaban asuntos de muchísimo dinero, y como, en último resultado, el que entendía y en realidad resolvía las arduas cuestiones de minas o cosa así de que se trataba, era don Baltasar, y sólo él; los que entendían de veras la aguja de marear querían y procuraban tenerlo de su parte; pues aun suponiendo que *más arriba* se quisiera atender más al favor que a la justicia y a la ley, mucho era, y en ocasiones indispensable, contar con el informe de aquel perito incorruptible. Una emperatriz, o cosa así, tenía grandísimos intereses en cierto negocio famoso, y era abogado y principal agente de la ilustre dama un santón político de los primeros, muy popular, elocuente... y largo. No se anduvo en chiquitas; con sus aires democráticos, subió al cuarto piso de Miajas, y entre bromitas, confianzas, promesas y veladísimas amenazas procuró ganar el ánimo del modestísimo empleado de diez mil reales, de quien ¡oh, escándalo! en realidad dependía aquel asunto que importaba tantos millones. —Pero ¡ay, amigo! que el ilustre prócer no tenía razón; y Miajas, avergonzado, sintiéndolo infinito, como si cometiera un delito de lesa majestad o por lo menos de lesa soberanía nacional... dijo nones, y el señor aquel, elocuentísimo, jefe de partido, casi árbitro de los destinos del país, en ocasiones, tuvo que bajar el ciento y pico de escaleras, lo mismo que las había subido, sin sacar nada en limpio, porque allí no se podía hacer nada sucio. —Este triunfo no dejaba de halagar a don Baltasar, más que por el mérito de su honrada resistencia, por el honor de haber tenido en su casa, y suplicándole en vano y tratando de convencerle, a tan conspicuo personaje. Sin embargo, se le mezclaba esta satisfacción con el remordimiento de no haber podido complacer a una eminencia como aquella, y también tenía cierto escozor que era así como vagos temores de que algún día aquel *prócer* se vengara dejándole cesante, o por lo menos... bajándole a *ocho*.

La otra visita fue de otro santón no menos ilustre e influyente, también demócrata y que era un especialista en materias de conciencia. Cuando él, en un discurso decía: ¡Mi conciencia! Parecía decir: ¡Mis pergaminos! Pues él también andaba en cosas de minas, y también subió las cien escaleras y pico. Pero este hizo ante todo grandes protestas de la pureza de sus intenciones; con toda sinceridad mostraba el gran disgusto que tenía sólo con pensar que don Baltasar pudiera creer que venía a sobornarle, a deslumbrarle... Venía a convencerle; no tenía que esperar Miajas ni premio ni castigo, resolviese lo que quisiera. Se hablaba a su convicción y nada más. Y el señor de la conciencia sacó unos papelitos y los leyó; y discutieron él y Miajas, y después de dos horas, con la mayor naturalidad, don Baltasar declaró que aquel ilustre prohombre tenía razón, que la ley estaba con él y que el negociado informaría, si a él se le hacía caso, como pedía el insigne caballero, que de resultas se ganaría acaso millones. Y se fue el señor rectísimo, dejando a Miajas los papelitos aquellos, con su firma, y no volvió en la vida; ni el empleado de diez mil reales le debió jamás favor alguno ni se lo encontró cara a cara otra vez. No importaba: él guardaba como un tesoro los papelitos y sin decírselo a nadie, saboreaba el orgullo de haber tenido ante sí, tan fino, tan amable, al hombre más severo de España, al Catón más tieso de la Península. Pero después de algún tiempo fue olvidando la aventura y por fin ya disfrutaba de la contemplación de la propia honradez como de una cosa muy insípida, sin mérito grande, aunque indispensable. Estaba dispuesto a morir de hambre antes que a prevaricar en lo más insignificante. Pero el placer de este estado de alma era ya para él muy inferior al que le proporcionaba la solución de un jeroglífico.

II

Si aquellos señorones ilustres jamás hicieron nada bueno ni malo a don Baltasar; si el prócer de la conciencia no tuvo la amabilidad de mandarle siquiera unos cartuchos de dulces a los hijos de Miajas, no se portaron así el año de gracia de 189... los dos ricachos americanos que habían sacado de pila, respectivamente, al hijo mayor Carlos y a la hija Pepilla.

El día de Reyes, muy tempranito, los chicos se encontraron en el terrado sendos juguetes de todo lujo; él, guerrero indomable, con uniforme de teniente de caballería, con todas las armas y galones que eran de ordenanza; ella, una casa puesta para un matrimonio de porcelana, con ama de cría y un chiquitín y dos criadas, una de ellas negra. Era una maravilla. El entusiasmo de aquellos niños pobres, que otros años se contentaban con una caja de pinturas de peseta y una *pepona* de precio semejante, no tuvo límites... ni entrañas. A Marcelo, el hijo segundo, el más cariñoso, más aplicado y más metido por los mimos de su padre, los Reyes... no le habían traído nada, porque nada era un cartucho de dulces que se encontró al lado de los soberbios juguetes. Pues bien, Pepilla y Carlos no tuvieron lástima, ni siquiera delicadeza, y delante de su hermano, sin padrino rico, ni pobre, porque lo había sido su abuelo, ya difunto, hicieron alarde de su riqueza, de su suerte escandalosa, de su alegría insolente. Los niños son así, ya lo dijo Víctor Hugo pintando el tormento de un sapo. ¿Cómo a don Baltasar no se le ocurrió remediar aquella injusticia de la suerte? No supo nada a tiempo. El encargado de dar la sorpresa fue un muchacho, que, con el mayor sigilo, de parte de los ricachos americanos, dejó de noche, con pretexto de una visita, en el terrado, los regalos aquellos con tarjetas en que se leía: "A Pepilla —Gaspar", y "A Carlitos —Melchor". El cartucho de dulces de Marcelo era uno de los tres que su madre había comprado, porque aquel año el presupuesto de los Miajas andaba apuradísimo, y la noche anterior, la del 4 al 5, el matrimonio, con profunda tristeza, resignado, había resuelto, después de melancólica deliberación, que era una locura gastar aquel año en juguetes, por modestos que fueran, cuando no había apenas para garbanzos ni para remendar botas de los chicos.

Cuando don Baltasar, muy temprano, subió al terrado, y vio a sus hijos en torno del portentoso hallazgo y se enteró de todo, y contempló la alegría loca, salvaje de los egoístas agraciados (¡inocentes de su alma!), y después miró a Marcelo que, pálido, sonreía, con una mueca dolorosa, chupando la cinta azul de seda de su cartucho de dulces, sintió una angustia dolorosa en el alma, una especie de agonía de todo lo bueno que tenía su corazón puro, de pobre resignado. "Aquello era lo mismo que una puñalada". "Dios los perdonará, pero sus queridos compadres habían incurrido en una omisión grosera, de solterones sin delicadeza; muy ricos, espléndidos, pero que no sabían lo que eran hijos...". "Aquellos juguetes finísimos, de príncipes, valían uno con otro, lo menos... 30 duros... ¡Virgen Santísima! Pues con 30 reales hubieran podido Melchor y Gaspar hacer feliz a toda la familia... y ahora, ahora... en tono de broma, él, Miajas, estaba pasando por una amargura... pueril... que era inexplicable, por lo fuerte, por lo profunda".

"Si hubiera sido Pepilla la desheredada, a grito pelado hubiera hecho constar la mas enérgica protesta. Llanto y patadas por tres horas, lo menos. Carlos hubiera disputado a puñadas el odioso privilegio, a no ser él el privilegiado. Marcelo... sonreía, luchaba por vencerse, por disimular la tristeza, ¡y tenía ocho años! ¡Ángel de mi alma! ¡Qué culpa tiene él de que su pobre abuelo se le haya muerto y de que yo... deba aún al panadero todo el pan que hemos comido en diciembre!".

Miajas no sabía qué decir, ni qué hacer, ni siquiera cómo mirar a su hijo segundo, que se quedaba sin juguete. Marcelo se fue hacia su padre, se le metió entre las rodillas y empezó a acariciarse las mejillas frotando con ellas los raídos pantalones de su señor padre. Su papá era su juguete, de movimiento, de cariño; así parecía pensar el niño consolándose.

Aquellas caricias de resignación monstruosa, resignación a los ocho años, exaltaron más la sensibilidad paterna. Don Baltasar se creyó inspirado de repente, una inspiración mitad amor, mitad rebeldía; y ello fue que exclamó con voz nerviosa, enérgica, de fingida alegría:

—Observo, señores, que aquí falta un rey.

—¿Qué rey, qué rey? —gritaron Pepita y Carlos.

—Sí, falta uno. A ti el rey Melchor te regaló eso; a ti eso el rey Gaspar... Falta Baltasar que es el que trae el regalo de Marcelín, ¡cosa rica! Pero, amigo; como el rey Baltasar viene de más lejos, de más lejos, de allá, de... (Miajas era muy mal orientalista) de... la Cochinchina... pues, viene retrasado... por las nieves, ¡como los trenes a veces!, pero vendrá... ¡oh!, ¡yo te lo fío que vendrá! ¡No pasa de mañana, Marcelín, cree a tu padre!

Marcelo, con lágrimas de inefable alegría en los ojos, sonriendo entre lágrimas, como Andrómaca, miraba a su padre extasiado, dudando de su felicidad futura... Creía y no creía en los reyes, era acaso dudoso aquello del milagro de los juguetes puestos en el balcón, por manos invisibles... pero ahora se inclinaba a pensar que su rey esta vez iba a ser su padre, y se lo agradecía ¡tanto!, ¡tanto! Era mejor así. Pero ¿vendría el juguete?

—¿Y qué le va a traer? —preguntó Carlos entre incrédulo y envidioso de una dicha futura, de que ya no le tocaba nada.

—Eso... Dios lo sabe. Pero me parece a mí... que va a ser... ¿Tú qué opinas, Marcelo?

Marcelo era particularmente aficionado a las defensas de plazas fuertes, era el Vauban de la casa, y mientras Carlos se armaba hasta los dientes, él prefería construir murallas de cartón, y con un ingenio positivo improvisaba aspilleras, cañones, reductos, combinando los más heterogéneos desperdicios de la industria: dedales viejos, rodajas de pies de butacas rotos, cápsulas vacías de escopeta, cajas de cerillas y otra porción de inutilidades que, bien combinadas y distribuidas, convertían la mesa del comedor en una fortaleza muy respetable.

Marcelo opinó que el rey Baltasar le traería, si era amigo de cumplir, soldados de latón, de artillería, con cañones y todo...

III

Don Baltasar se echó a la calle aturdido, como borracho por las emociones de amor, amargura, despecho y decisión violenta que le llenaban el alma; se le figuraba que llevaba si no en la mano, en el alma, en la intención una tea incendiaria que debía prender fuego a la moral pública que se debía al orden constituido, a los más altos principios;

¡qué sabía él! En fin, ello era que salía dispuesto a cumplir su promesa temeraria de encontrar al rey Baltasar y, no ya traerlo de Cochinchina, sino sacarlo del centro de la tierra y hacerlo presentarse ante su Marcelo con un juguete verdaderamente regio, que no valiese menos que el de sus señores hermanos.

Lo primero que hizo... fue lo que hace el gobierno, pensar en los gastos, no en los ingresos; escoger el juguete monumental (así lo llamaba para sus adentros), sin pensar en la mina o en la lotería de dónde había de sacar el dinero necesario para pagarlo.

Se paró, en la calle de la Montera, ante un escaparate de juguetes de lujo. Entre tanta monada de subido precio no vaciló un momento: la elección quedó hecha desde el primer momento; nada de armaduras, coches, velocípedos de maniquí, grandes pelotas, ni demás chucherías: lo que había de comprar a Marcelín era aquella plaza fuerte que estaba siendo la admiración de cuatro o cinco granujas que rodeaban a Miajas junto al escaparate. —¡Lo que puede la voluntad! —pensaba el humilde empleado—; estos chicos cargarían con esa maravilla del arte de divertir a los niños, con no menos placer que yo; en materia de posibles, allá nos vamos estos pilluelos y yo, y sin embargo, ellos se quedan con el deseo, y yo entro ahora mismo en el comercio y compro eso... y se lo llevo a Marcelín... ¿En qué está el privilegio, la diferencia? ¿En los cuartos? ¡No! ¡Mil veces no!

En la voluntad. Es que yo quiero de veras que ese juguete sea de mi hijo.

Y entró, y compró la plaza fuerte que le deslumbraba con el metal de sus cañones, cureñas y cuantos pertrechos eran del caso.

Cuando Marcelín viera aquellas torres y murallas, casamatas, puentes, troneras, soldados, tremendas piezas de artillería, se volvería loco; creería estar soñando. ¡Para él tanta hermosura!...

Al ir a pagar después que el juguete estuvo sobre el mostrador, don Baltasar sintió un nudo en la garganta...

—Verán ustedes —dijo—; no me lo llevo ahora precisamente porque... naturalmente... no he de cargar con ese armatoste...

—Lo llevará un demandadero...

—No; no, señores; no se molesten ustedes. Déjenlo ahí apartado; yo enviaré por el juguete... y entonces... traerán el dinero... el precio...

Y salió aturdido y dando tropezones.

—Ya no hay más remedio —iba pensando—. El juguete es mío; el contrato es contrato. Hay que buscar el dinero debajo de las piedras —pero en vez de ponerse a desempedrar la calle, se fue, como siempre, a la oficina.

Había grandes apuros por causa de arreglar asuntos que pedían del Ministerio despachados, y el director había dispuesto habilitar aquel día festivo.

* * *

Gran marejada político-moral-administrativa había por entonces en Madrid y en toda España; una de esas grandes *irregularidades* que de vez en cuando se descubren, había puesto una vez más sobre el tapete la cuestión de los cohechos, prevaricaciones y demás clásicas manos puercas de la administración pública.

Los periódicos de circulación venían echando chispas; se celebraban grandes reuniones públicas para protestar y escandalizarse en colectividad; el Círculo Mercantil y una junta de abogados se empeñaban en empapelar a un ministro y a muchos próceres, al parecer poco delicados en materia de consumos y de ferrocarriles.

El Ministerio, amenazado con tanto ruido, se agarraba al poder como una lapa, y en las oficinas de Madrid había una terrible justicia de enero (del mes que iba corriendo) más o menos aparente.

Los subsecretarios, los directores, los jefes de negociado, estaban hechos unos Catones, más o menos serondos; no se hablaba más que de revisiones de cuentas de expedientes, en fin, se quería que la moralidad de los funcionarios brillara como una patena. Hacía mucho miedo.

—Siempre pagaremos justos por pecadores —decían muchos pecadores que todavía pasaban por justos.

Y a todo esto, don Baltasar Miajas sin enterarse de nada. Oía campanas pero no sabía dónde. El rum rum de las conversaciones referentes a los *chanchullos* legales llegaba a él, sin sacarle de sus habituales pensamientos; lo oía como quien oye llover. Él cumplía con su cometido y andando.

Cuando llegó aquel día ante la mesa de su cargo, dispuesto a sacar el precio del juguete de debajo de las piedras, no soñaba con que había en el mundo inmoralidad, empleados venales, etc., etc. Lo que él necesitaba eran diez duros.

No sabía que estaba sobre un *volcán,* rodeado de espías. Los pillos del negociado, que los había, estaban convertidos en Argos de la honradez provisional y temporera que el director del ramo había decretado dando puñetazos sobre un pupitre.

Y el diablo hizo, no la Providencia, como pensó don Baltasar, que cierto contratista, interesado en un expediente que Miajas acababa de despachar, de modo favorable para aquel señor, se le acercara, y fingiendo sigilo, pero con ánimo de que pudieran otros oficinistas enterarse de su generosidad, dejase entre unos papeles algunos billetes de banco.

Era un hombre tosco, acostumbrado a vencer así en las oficinas de su pueblo; y como no conocía a Miajas y quería ir anunciando su procedimiento expeditivo, para que se enterasen los que podían servirle el día de mañana, hizo lo que hizo de aquella manera torpe, que comprometía al infeliz covachuelista.

Don Baltasar, en el primer momento no se dio cuenta de lo que acababa de suceder. Todavía no se había hecho cargo de tan vituperable acción, y ya los espías del director se habían guiñado el ojo. Cuando el contratista insistió en su torpeza, llamando la atención de Miajas, este... vio el cielo abierto, y equivocándose sin duda, atribuyó entonces a la Providencia aquella oportunidad del diablo. En otra ocasión, sin escandalizarse, con mucha humildad y modestia, hubiera devuelto al pillastre aquel su dinero, diciéndole con buenos modos que él había cumplido con su conciencia y que ya estaba pagado por el gobierno.

Pero... ahora... Marcelín... la plaza fuerte comprada... la promesa de traer al rey Baltasar aunque fuese de los pelos... y cierto profundo espíritu de rebelión... de protesta moral... En fin, ello fue que don Baltasar, en voz baja, temblorosa, dijo:

—¡Oh!, no, caballero; es demasiado; basta con un... pequeño recuerdo... Guarde usted eso, guarde usted eso, pronto —y metió entre unos papeles un billete de 50 pesetas.

* * *

A la mañana siguiente, en el terrado de la humilde vivienda de Miajas, su hijo segundo, Marcelo, encontró, con una tarjeta firmada por el *rey Baltasar,* el juguete pasmoso, la plaza fuerte que él había soñado.

Y por la tarde, el rey Baltasar recibió la noticia de que estaba cesante.

Por hacerle un favor no se le formaba expediente.

Justicia de enero.

No había perdido más que el pan y la honra.

Dos sabios

En el balneario de Aguachirle, situado en lo más frondoso de una región de España muy fértil y pintoresca, todos están contentos, todos se estiman, todos se entienden, menos dos ancianos venerables, que desprecian al miserable vulgo de los bañistas y mutuamente se aborrecen.

¿Quiénes son? Poco se sabe de ellos en la casa. Es el primer año que vienen. No hay noticias de su procedencia. No son de la provincia, de seguro; pero no se sabe si el uno viene del Norte y el otro del Sur, o viceversa... o de cualquier otra parte. Consta que uno dice llamarse don Pedro Pérez y el otro don Álvaro Álvarez. Ambos reciben el correo en un abultadísimo paquete, que contiene multitud de cartas, periódicos, revistas, y libros muchas veces. La gente opina que son un par de sabios.

Pero ¿qué es lo que saben? Nadie lo sabe. Y lo que es ellos, no lo dicen. Los dos son muy corteses, pero muy fríos con todo el mundo e impenetrables. Al principio se les dejó aislarse, sin pensar en ellos; el vulgo alegre desdeñó el desdén de aquellos misteriosos pozos de ciencia, que, en definitiva, debían de ser un par de chiflados caprichosos, exigentes en el trato doméstico y con berrinches endiablados, bajo aquella capa superficial de fría buena crianza. Pero, a los pocos días, la conducta de aquellos señores fue la comidilla de los desocupados bañistas, que vieron una graciosísima comedia en la antipatía y rivalidad de los viejos.

Con gran disimulo, porque inspiraban respeto y nadie osaría reírse de ellos en sus barbas, se les observaba, y se saboreaban y comentaban las vicisitudes de la mutua ojeriza, que se exacerbaba por las coincidencias de sus gustos y manías, que les hacían buscar lo mismo y huir de lo mismo, y sobre ello, morena.

* * *

Pérez había llegado a Aguachirle algunos días antes que Álvarez. Se quejaba de todo; del cuarto que le habían dado, del lugar que ocupaba en la mesa redonda, del bañero, del pianista, del médico, de la camarera, del mozo que limpiaba las botas, de la campana de la capilla, del cocinero, y de los gallos y los perros de la vecindad, que no le dejaban dormir. De los bañistas no se atrevía a quejarse, pero eran la mayor molestia. "¡Triste y enojoso rebaño humano! Viejos verdes, niñas cursis, mamás grotescas, canónigos egoístas, pollos empalagosos, indianos soeces y avaros, caballeros sospechosos, maniacos insufribles, enfermos repugnantes, ¡peste de clase media! ¡Y pensar que era la menos mala! Porque el pueblo... ¡uf!, ¡el pueblo! Y aristocracia, en rigor, no la había. ¡Y la ignorancia general! ¡Qué martirio tener que oír, a la mesa, sin querer, tantos disparates, tantas vulgaridades que le llenaban el alma de hastío y de tristeza!".

Algunos entrometidos, que nunca faltan en los balnearios, trataron de sonsacar a Pérez sus ideas, sus gustos; de hacerle hablar, de intimar en el trato, de obligarle a participar de los juegos comunes; hasta hubo un tontiloco que le propuso bailar un rigodón con cierta dueña... Pérez tenía un arte especial para sacudirse estas moscas. A los discretos los tenía lejos de sí a las pocas palabras; a los indiscretos, con más trabajo y alguna frialdad inevitable; pero no tardaba mucho en verse libre de todos.

Además, aquella triste humanidad le estorbaba en la lucha por las comodidades; por las pocas comodidades que ofrecía el establecimiento. Otros tenían las mejores habitaciones, los mejores puestos en la mesa; otros ocupaban antes que él los mejores aparatos y pilas de baño; y otros, en fin, se comían las mejores tajadas.

El puesto de honor en la mesa central, puesto que llevaba anejo el mayor mimo y agasajo del jefe de comedor y de los dependientes, y puesto que estaba libre de todas las corrientes de aire entre puertas y ventanas, terror de Pérez, pertenecía a un señor canónigo, muy gordo y muy hablador; no se sabía si por antigüedad o por odioso privilegio.

Pérez, que no estaba lejos del canónigo, le distinguía con un particular desprecio; le envidiaba, despreciándole, y le miraba con ojos provocativos, sin que el otro se percatara de tal cosa. Don Sindulfo, el canónigo, había pretendido varias veces *pegar la hebra* con Pérez; pero este le había contestado siempre con secos monosílabos. Y don Sindulfo le había perdonado, porque no sabía lo que se hacía, siendo tan saludable la charla a la mesa para una buena digestión.

Don Sindulfo tenía un estómago de oro, y le entusiasmaba la comida de fonda, con salsas picantes y otros atractivos; Pérez tenía el estómago de acíbar, y aborrecía aquella comida llena de insoportables *galicismos*. Don Sindulfo soñaba despierto en la hora de comer; y don Pedro Pérez temblaba al acercarse el tremendo trance de tener que comer sin gana.

—¡Ya va un toque! —decía sonriendo a todos don Sindulfo, y aludiendo a la campana del comedor.

—¡Ya han tocado dos veces! —exclamaba a poco, con voz que temblaba de voluptuosidad.

Y Pérez, oyéndole, se juraba acabar cierta monografía que tenía comenzada proponiendo la supresión de los cabildos catedrales.

Fue el sabio díscolo y presunto minando el terreno, intrigando con camareras y otros empleados de más categoría, hasta hacerse prometer, bajo amenaza de marcharse, que en cuanto se fuera el canónigo, que sería pronto, el puesto de honor, con sus beneficios, sería para él, para Pérez, costase lo que costase. También se le ofreció el cuarto de cierta esquina del edificio, que era el de mejores vistas, el más fresco y el más apartado del mundanal y *fondil* ruido. Y para tomar café, se le prometió cierto rinconcito, muy lejos del piano, que ahora ocupaba un coronel retirado, capaz de andar a tiros con quien se lo disputara. En cuanto el coronel se marchase, que no tardaría, el rinconcito para Pérez.

* * *

En esto llegó Álvarez. Aplíquesele todo lo dicho acerca de Pérez. Hay que añadir que Álvarez tenía el carácter más fuerte, el mismo humor endiablado, pero más energía y más desfachatez para pedir gollerías.

También le aburría aquel rebaño humano, de vulgaridad monótona; también se le puso en la boca del estómago el canónigo aquel, de tan buen diente, de una alegría irritante y que ocupaba en la mesa redonda el mejor puesto. Álvarez miraba también a don Sindulfo con ojos provocativos, y apenas le contestaba si el buen clérigo le dirigía la palabra. Álvarez también quiso el cuarto que solicitaba Pérez y el rincón donde tomaba café el coronel.

A la mesa notó Álvarez que todos eran unos majaderos y unos charlatanes... menos un señor viejo y calvo, como él, que tenía enfrente y que no decía palabra, ni se reía tampoco con los chistes grotescos de aquella gente.

"No era charlatán, pero majadero también lo sería. ¿Por qué no?". Y empezó a mirarle con antipatía. Notó que tenía mal genio, que era un egoísta y maniático por el afán de imposibles comodidades.

"Debe de ser un profesor de instituto o un archivero lleno de presunción. Y él, Álvarez, que era un sabio de fama europea, que viajaba de incógnito, con nombre falso, para librarse de curiosos e impertinentes admiradores, aborrecía ya de muerte al necio pedantón que se permitía el lujo de creerse superior a la turbamulta del balneario. Además, se le figuraba que el archivero le miraba a él con ira, con desprecio; ¡habríase visto insolencia!".

Y no era eso lo peor: lo peor era que coincidían en gustos, en preferencias que les hacían muchas veces *incompatibles.*

No cabían los dos en el balneario. Álvarez se iba al corredor en cuanto el pianista la emprendía con la *Rapsodia húngara*... Y allí se encontraba a Pérez, que huía también de Listz adulterado. En el gabinete de lectura nadie leía el *Times*... más que el archivero, y justamente a las horas en que él, Álvarez el falso, quería enterarse de la política extranjera en el único periódico de la casa que no le parecía despreciable.

"El archivero sabe inglés. ¡Pedante!".

A las seis de la mañana, en punto, Álvarez salía de su cuarto con la mayor reserva, para despachar las más viles faenas con que su naturaleza animal pagaba tributo a la ley más baja y prosaica... ¡Y Pérez, obstruccionista odioso, tenía, por lo visto, la misma costumbre, y buscaba el mismo lugar con igual secreto!... y ¡aquello no podía aguantarse!

No gustaba Álvarez de tomar el fresco en los jardines ramplones del establecimiento, sino que buscaba la soledad de un prado de fresca hierba, y en cuesta muy pina, que había a espaldas de la casa... Pues allá, en lo más alto del prado, a la sombra de *su* manzano... se encontraba todas las tardes a Pérez, que no soñaba con que estaba estorbando.

Ni Pérez ni Álvarez abandonaban el sitio; se sentaban muy cerca uno de otro, sin hablarse, mirándose de soslayo con rayos y centellas.

* * *

Si el archivero supuesto tales simpatías *merecía* al fingido Álvarez, Álvarez a Pérez le tenía frito, y ya Pérez le hubiera provocado abiertamente si no hubiera advertido que era hombre enérgico y, probablemente, de más puños que él.

Pérez, que era un sabio hispano-americano del Ecuador, que vivía en España muchos años hacía, estudiando nuestras letras y ciencias y haciendo frecuentes viajes a París, Londres, Rusia, Berlín y otras capitales; Pérez, que no se llamaba Pérez, sino Gilledo, y viajaba de incógnito, a veces, para estudiar las cosas de España, sin que estas se las disfrazara nadie al saberse quién él era; digo que Gilledo o Pérez había creído que el intruso Álvarez era alguna notabilidad de campanario, que se daba tono de sabio con extravagancias y manías que no eran más que pura comedia. Comedia que a él le perjudicaba mucho, pues, sin duda por imitarle, aquel desconocido, boticario probablemente, se le atravesaba en todas sus cosas: en el paseo, en el corredor, en el gabinete de lectura y en los lugares menos dignos de ser llamados por su nombre.

Pérez había notado también que Álvarez despreciaba o fingía despreciar a la multitud insípida y que miraba con rencor y desfachatez al canónigo que presidía la mesa.

La antipatía, el odio se puede decir, que mutuamente se profesaban los sabios incógnitos crecía tanto de día en día, que los disimulados testigos de su malquerencia llegaron a temer que el sainete acabara en tragedia, y aquellos respetables y misteriosos vejetes se fueran a las manos.

* * *

Llegó un día crítico. Por casualidad, en el mismo tren se marcharon el canónigo, el bañista que ocupaba la habitación tan apetecida, y el coronel que dejaba libre el rincón más apartado del piano. Terrible conflicto. Se descubrió que el amo del establecimiento había ofrecido la sucesión de don Sindulfo, y la habitación más cómoda, a Pérez primero, y después a Álvarez.

Pérez tenía el derecho de prioridad, sin duda; pero Álvarez... era un carácter. ¡Solemne momento! Los dos, temblando de ira, echaron mano al respaldo. No se sabía si se disputaban un asiento o un arma arrojadiza.

No se insultaron, ni se comieron la figura más que con los ojos.

El amo de la casa se enteró del conflicto, y acudió al comedor corriendo.

—¡Usted dirá! —exclamaron a un tiempo los sabios.

Hubo que convenir en que el derecho de Pérez era el que valía.

Álvarez cedió en latín, es decir, invocando un texto del Derecho romano que daba la razón a su adversario. Quería que constase que cedía a la razón, no al miedo.

Pero llegó lo del aposento disputado. ¡Allí fue ella! También Pérez era el *primero en el tiempo...* pero Álvarez declaró que lo que es absurdo desde el principio, y nulo, por consiguiente, *tractu temporis convalescere non potest,* no puede hacerse bueno con el tiempo; y como era absurdo que todas las ventajas, por gollería, se las llevase Pérez, él se atenía a la promesa que había recibido..., y se instalaba desde luego en la habitación dichosa; donde, en efecto, ya había metido sus maletas.

Y plantado en el umbral, con los puños cerrados amenazando al mundo, gritó:

—*In pari causa, melior est conditio possidentis.*

Y entró y se cerró por dentro.

Pérez cedió, no a los textos romanos, sino por miedo.

En cuanto al rincón del coronel, se lo disputaban todos los días, apresurándose a ocuparlo el que primero llegaba y protestando el otro con ligeros refunfuños y sentándose muy cerca y a la misma mesa de mármol. Se aborrecían, y por la igualdad de gustos y disgustos, simpatías y antipatías, siempre huían de los mismos sitios y buscaban los mismos sitios.

* * *

Una tarde, huyendo de la *Rapsodia húngara,* Pérez se fue al corredor y se sentó en una mecedora, con un lío de periódicos y cartas entre las manos.

Y a poco llegó Álvarez con otro lío semejante, y se sentó, enfrente de Pérez, en otra mecedora. No se saludaron, por supuesto.

Se enfrascaron en la lectura de sendas cartas.

De entre los pliegues de la suya sacó Álvarez una cartulina, que contempló pasmado.

Al mismo tiempo, Pérez contemplaba una tarjeta igual con ojos de terror.

Álvarez levantó la cabeza y se quedó mirando atónito a su enemigo.

El cual también, a poco, alzó los ojos y contempló con la boca abierta al infausto Álvarez.

El cual, con voz temblona, empezando a incorporarse y alargando una mano, llegó a decir:

—Pero... usted, señor mío..., ¿es... puede usted ser... el doctor... Gilledo?...

—Y usted... o estoy soñando... o es... parece ser... ¿es... el ilustre Fonseca?...

—Fonseca el amigo, el discípulo, el admirador... el apóstol del maestro Gilledo... de su doctrina...

—De nuestra doctrina, porque es de los dos: yo el iniciador, usted el brillante, el sabio, el profundo, el elocuente reformador, propagandista... a quien todo se lo debo.

—¡Y estábamos juntos!...

—¡Y no nos conocíamos!...

—Y a no ser por esta flaqueza... ridícula... que partió de mí, lo confieso, de querer conocernos por estos retratos...

—Justo, a no ser por eso...

Y Fonseca abrió los brazos, y en ellos estrechó a Gilledo, aunque con la mesura que conviene a los sabios.

La explicación de lo sucedido es muy sencilla. A los dos se les había ocurrido, como queda dicho, la idea de viajar de incógnito. Desde su casa

Fonseca, en Madrid, y desde no sé dónde Gilledo, se hacían enviar la correspondencia al balneario, en paquetes dirigidos a Pérez y Álvarez, respectivamente.

Muchos años hacía que Gilledo y Fonseca eran uña y carne en el terreno de la ciencia. Iniciador Gilledo de ciertas teorías muy complicadas acerca del movimiento de las razas primitivas y otras baratijas prehistóricas, Fonseca había acogido sus hipótesis con entusiasmo, sin envidia; había hecho de ellas aplicaciones muy importantes en lingüística y sociología, en libros más leídos, por más elocuentes, que los de Gilledo. Ni este envidiaba al apóstol de su idea el brillo de su vulgarización, ni Fonseca dejaba de reconocer la supremacía del iniciador, del maestro, como llamaba al otro sinceramente. La lucha de la polémica que unidos sostuvieron con otros sabios, estrechó sus relaciones; si al principio, en su ya jamás interrumpida correspondencia, sólo hablaban de ciencia, el mutuo afecto, y algo también la vanidad mancomunada, les hicieron comunicar más íntimamente, y llegaron a escribirse cartas de hermanos más que de colegas.

Álvarez, o Fonseca, más apasionado, había llegado al extremo de querer conocer la *vera effigies* de su amigo; y quedaron, no sin confesarse por escrito la parte casi ridícula de esta debilidad, quedaron en enviarse mutuamente su retrato con la misma fecha... Y la casualidad, que es indispensable en esta clase de historias, hizo que las tarjetas aquellas, que tal vez evitaron un crimen, llegaran a su destino el mismo día.

Más raro parecerá que ninguno de ellos hubiera escrito al otro lo de la ida a tal balneario, ni el nombre falso que adoptaban... Pero tales noticias se las daban precisamente (¡claro!) en las cartas que con los retratos venían.

* * *

Mucho, mucho se estimaban Álvarez y Pérez, a quienes llamaremos así por guardarles el secreto, ya que ellos nada de lo sucedido quisieron que se supiera en la fonda.

Tanto se estimaban, y tan prudentes y verdaderamente sabios eran, que depuestos, como era natural, todas las rencillas y odios que les habían separado mientras no se conocían, no sólo se trataron en adelante con el mayor respeto y mutua consideración, sin disputarse cosa alguna..., sino que, al día siguiente de su gran descubrimiento, coincidieron una vez más en el propósito de dejar cuanto antes las aguas y volverse por donde habían venido. Y, en efecto, aquella misma tarde Gilledo tomó el tren ascendente, hacia el sur, y Fonseca el descendente, hacia el norte.

Y no se volvieron a ver en la vida.

Y cada cual se fue pensando para su coleto que había tenido la prudencia de un Marco Aurelio, cortando por lo sano y separándose cuanto antes del otro. Porque ¡oh miseria de las cosas humanas! la pueril, material antipatía que el amigo desconocido le había inspirado... no había llegado a desaparecer después del infructuoso reconocimiento.

El personaje *ideal,* pero de carne y hueso, que ambos se habían forjado cuando se odiaban y despreciaban sin conocerse, era el que subsistía; el amigo real, pero invisible, de la correspondencia y de la *teoría común,* quedaba desvanecido... Para Fonseca el Gilledo que *había visto* seguía siendo el aborrecido archivero; y para Gilledo, Fonseca, el odioso boticario.

Y no volvieron a escribirse sino con motivo puramente científico.

Y al cabo de un año, un *Jahrbuch* alemán publicó un artículo de sensación para todos los arqueólogos del mundo.

Se titulaba *Una disidencia.*

Y lo firmaba *Fonseca.* El cual procuraba demostrar que las razas aquellas no se habían movido de Occidente a Oriente, como él había creído, influido por sabios maestros, sino más bien siguiendo la marcha aparente del sol... de Oriente a Occidente...

El entierro de la sardina

Rescoldo, o mejor, la Pola de Rescoldo, es una ciudad de muchos vecinos; está situada en la falda Norte de una sierra muy fría, sierra bien poblada de monte bajo, donde se prepara en gran abundancia carbón de leña, que es una de las principales riquezas con que se industrian aquellos honrados montañeses. Durante gran parte del año, los polesos dan diente con diente, y muchas patadas en el suelo para calentar los pies; pero este rigor del clima no les quita el buen humor cuando llegan las fiestas en que la tradición local manda divertirse de firme. Rescoldo tiene obispado, juzgado de primera instancia, instituto de segunda enseñanza agregado al de la capital; pero la gala, el orgullo del pueblo, es el paseo de los Negrillos, bosque secular, rodeado de prados y jardines que el Municipio cuida con relativo esmero. Allí se celebran por la primavera las famosas romerías de Pascua, y las de San Juan y Santiago en el verano. Entonces los árboles, vestidos de reluciente y fresco verdor, prestan con él sombra a las cien meriendas improvisadas, y la alegría de los consumidores parece protegida y reforzada por la benigna temperatura, el cielo azul, la enramada poblada de pájaros siempre gárrulos y de francachela. Pero la gracia está en mostrar igual humor, el mismo espíritu de broma y fiesta, y, más si cabe, allá, en febrero, el miércoles de Ceniza, a media noche, en aquel mismo bosque, entre los troncos y las ramas desnudas, escuetas, sobre un terreno endurecido por la escarcha, a la luz rojiza de antorchas pestilentes. En general, Rescoldo es pueblo de esos que se ha dado en llamar levíticos; cada día mandan allí más curas y frailes; el teatrillo que hay casi siempre está cerrado, y cuando se abre le hace la guerra un periódico ultramontano, que es la Sibila de Rescoldo. Vienen con frecuencia, por otoño y por invierno, misioneros de todos los hábitos, y parecen tristes grullas que

> van cantando lor guai per l'aer bruno.

Pasan ellos, y queda el terror de la tristeza, del aburrimiento que siembran, como campo de sal, sobre las alegrías e ilusiones de la juventud polesa. Las niñas casaderas que en la primavera alegraban los Negrillos con su cháchara y su hermosura, parece que se han metido todas en el convento; no se las ve como no sea en la catedral o en las Carmelitas, en novenas y más novenas. Los muchachos que no se deciden a despreciar los placeres de esta vida efímera cogen el cielo con las manos y calumnian al clero secular y regular, indígena y transeúnte, que tiene la culpa de esta desolación de honesto recreo.

Mas como quiera que esta piedad colectiva tiene algo de rutina, es mecánica, en cierto sentido; los naturales enemigos de las expansiones y del holgorio tienen que transigir cuando llegan las fiestas tradicionales; porque así como por hacer lo que siempre se hizo, las familias son religiosas a la manera antigua, así también las romerías de Pascua y de San Juan y Santiago se celebran con estrépito y alegría, bailes, meriendas, regocijos al aire libre, inevitables ocasiones de pecar, no siempre vencidas desde tiempo inmemorial. No parecen las mismas las niñas vestidas de blanco, rosa y azul, que ríen y bailan en los Negrillos sobre la fresca hierba, y las que en otoño y en invierno, muy de oscuro, muy tapadas, van a las novenas y huyen de bailes, teatros y paseos.

Pero no es eso lo peor, desde el punto de vista de los misioneros; lo peor es Antruejo. Por lo mismo que el invierno está entregado a los *levitas,* y es un desierto de diversiones públicas, se toma el Carnaval como un oasis, y allí se apaga la sed de goces con ansia de borrachera, apurando hasta las heces la tan desacreditada copa del placer, que, según los frailes, tiene miel en los bordes y veneno en el fondo. En lo que hace mal el clero apostólico es en hablar a las jóvenes polesas del hastío que producen la alegría mundana, los goces materiales; porque las pobres muchachas siempre se quedan a media miel. Cuando más se están divirtiendo llega la *ceniza*... y, adiós concupiscencia de bailes, máscaras, bromas y algazara. Viene la reacción del terror... triste, y todo se vuelve sermones, ayunos, vigilias, cuarenta horas, estaciones, rosarios...

En Rescoldo, Antruejo dura lo que debe durar, tres días: domingo, lunes y martes; el miércoles de Ceniza nada de máscaras... se acabó Carnaval, *memento homo,* arrepentimiento y tente tieso... ¡pobres niñas polesas! Pero ¡ay!, amigo, llega la noche... el último relámpago de locura, la agonía del pecado que da el último mordisco a la manzana tentadora, ¡pero qué mordisco! Se trata del entierro de la sardina, un aliento póstumo del Antruejo; lo más picante del placer, por lo mismo que viene después del propósito de enmienda, después del desengaño; por lo mismo que es fugaz, sin esperanza de mañana; la alegría en la muerte.

No hay habitante de Rescoldo, hembra o varón que no confiese, si es franco, que el mayor placer mundano que ofrece el pueblo está en la noche del miércoles de Ceniza, al enterrar la sardina en el paseo de los Negrillos. Si no llueve o nieva, la fiesta es segura. Que hiele no importa. Entre las ramas secas brillan en lo alto las estrellas; debajo, entre los troncos seculares, van y vienen las antorchas, los faroles verdes, azules y colorados; la mayor parte de las sábanas limpias de Rescoldo circulan por allí, sirviendo de ropa talar a improvisados fantasmas que, con largos cucuruchos de papel blanco por toca, miran al cielo empinando la bota. Los señoritos que tienen coche y caballos los lucen en tal noche, adornando animales y vehículos con jaeces fantásticos y paramentos y cimeras de quimérico arte, todo más aparatoso que precioso y caro, si bien se mira. Mas a la luz de aquellas antorchas y farolillos, todo se transforma; la fantasía ayuda, el vino transporta, y el vidrio puede pasar por brillante, por seda el percal, y la ropa interior sacada al fresco por mármol de Carrara y hasta por carne del otro mundo. Tiembla el aire al resonar de los más inarmónicos instrumentos, todos los cuales tienen pretensiones de trompetas del Juicio final; y, en resumen, sirve todo este aparato de Apocalipsis burlesco, de marco extravagante para la alegría exaltada, de fiebre, de placer que se acaba, que se escapa. *Somos ceniza,* ha dicho por la mañana el cura, y... *ya lo sabemos,* dice Rescoldo en masa por la noche, brincando, bailando, gritando, cantando, bebiendo, comiendo golosinas, amando a hurtadillas, tomando a broma el dogma universal de la miseria y brevedad de la existencia...

* * *

Celso Arteaga era uno de los hombres más formales de Rescoldo; era director de un colegio, y a veces juez municipal; de su seriedad inveterada dependía su crédito de buen pedagogo, y de este dependían los garbanzos. Nunca se le veía en malos sitios; ni en tabernas, que frecuentaban los señoritos mas finos, ni en la sala de juegos prohibidos en el casino, ni en otros lugares nefandos, perdición de los polesos concupiscentes.

Su flaco era el entierro de la sardina. Aquello de gozar en lo oscuro, entre fantasmas y trompeteo apocalíptico, desafiando la picadura de la helada, desafiando las tristezas de la Ceniza; aquel contraste del bosque seco, muerto, que presencia la *romería invernizа,* como algunos meses antes veía, cubierto de verdor, lleno de vida, la romería del verano, eran atractivos irresistibles, por lo complicados y picantes, para el espíritu contenido, prudente, pero en el fondo apasionado, soñador, del buen Celso.

Solían agruparse los polesos, para cenar fuerte, el miércoles de Ceniza; familias numerosas que se congregaban en el comedor de la casa solariega; gente alegre de una tertulia que durante todo el invierno escotaban para contribuir a los gastos de la gran cena, traída de la fonda; solterones y calaveras viudos, casados o solteros, que celebraban sus *gaudeamus* en el casino o en los cafés; todos estos grupos, bien llena la panza, con un poquillo de alegría alcohólica en el cerebro, eran los que después animaban el paseo de los Negrillos, prolongando al aire libre las *libaciones,* como ellos decían, de la colación de casa. Celso, en tal ocasión, cenaba casi todos los años con los señores profesores del Instituto, el registrador de la propiedad y otras personas respetables. Respetables y serios todos, pero se alegraban que era un gusto; los más formales eran los más amigos de jarana en cuanto tocaban a emprender el camino del bosque, a eso de las diez de la noche, formando parte del cortejo del entierro de la sardina.

Celso, ya se sabía, en la clásica cena se ponía a *medios pelos,* pronunciaba veinte discursos, abrazaba a todos los comensales, predicando la paz universal, la hermandad universal y el holgorio universal. El mundo, según él, debiera ser una fiesta perpetua, una semiborrachera no interrumpida, y el amor puramente electivo, sin trabas del orden civil, canónico o penal. ¡Viva la broma! —Y este era el hombre que se pasaba el año entero grave como un colchón, enseñando a los chicos buena conducta moral y buenas formas sociales, con el ejemplo y con la palabra.

* * *

Un año, cuando tendría cerca de 30 Celso, llegó el buen pedagogo a los Negrillos con tan solemne semiborrachera (no consentía él que se le supusiera capaz de pasar de la *semi* a la entera), que quiso tomar parte activa en la solemnidad burlesca de enterrar la sardina. Se vistió con capuchón blanco, se puso el cucurucho clásico, unas narices como las del escudero del Caballero de los

Espejos y pidió la palabra, ante la bullanguera multitud, para pronunciar a la luz de las antorchas la oración fúnebre del humilde pescado que tenía delante de sí en una caja negra. Es de advertir que el ritual consistía en llevar siempre una sardina de metal blanco muy primorosamente trabajada; el guapo que se atrevía a pronunciar ante el pueblo entero la oración fúnebre, si lo hacía a gusto de cierto jurado de gente moza y alegre que le rodeaba, tenía derecho a la propiedad de la sardina metálica, que allí mismo regalaba a la mujer que más le agradase entre las muchas que le rodeaban y habían oído.

Gran sorpresa causó en el vecindario allí reunido que don Celso, el del colegio, pidiera la palabra para *pronunciar* aquel discurso de *guasa,* que exigía mucha correa, muy buen humor, gracia y sal, y otra porción de ingredientes. Pero no conocía la multitud a Celso Arteaga. Estuvo sublime, según opinión unánime; los aplausos *frenéticos* le interrumpían al final de cada período. De la abundancia del corazón hablaba la lengua. Bajo la sugestión de su propia embriaguez, Celso dejó libre curso al torrente de sus ansias de alegría, de placer *pagano,* de paraíso mahometano; pintó con luz y fuego del sol más vivo la hermosura de la existencia según *natura,* la existencia de Adán y Eva antes de las hojas de higuera: no salía del lenguaje decoroso, pero sí de la moral escrupulosa, *convencional,* como él la llamaba, con que tenían abrumado a Rescoldo frailes descalzos y calzados. No citó nombres propios ni colectivos; pero todos comprendieron las alusiones al clero y a sus triunfos de invierno.

Por labios de Celso hablaba el más recóndito anhelo de toda aquella masa popular, esclava del aburrimiento *levítico*. Las niñas casaderas y no pocas casadas y jamonas, disimulaban a duras penas el entusiasmo que les producía aquel predicador del diablo. ¡Y lo más gracioso era pensar que se trataba de don Celso el del colegio, que nunca había tenido novia ni trapicheos!

Como a dos pasos del orador, le oía arrobada, con los ojos muy abiertos, la respiración anhelante, Cecilia Pla, una joven honestísima, de la más modesta clase media, hermosa sin arrogancia, más dulce que salada en el mirar y en el gesto; una de esas bellas que no deslumbran, pero que pueden ir entrando poco a poco alma adelante. Cuando llegó el momento solemnísimo de regalar el triunfante Demóstenes de Antruejo la *joya* de pesca a la mujer más de su gusto, a Cecilia se le puso un nudo en la garganta, un volcán se le subió a la cara; porque, como en una alucinación, vio que, de repente, Celso se arrojaba de rodillas a sus pies, y, con ademanes del *Tenorio,* le ofrecía el premio de la elocuencia, acompañado de una declaración amorosa ardiente, de palabras que parecían versos de Zorrilla... en fin, un encanto.

Todo era broma, claro; pero burla, burlando, ¡qué efecto le hacía la inesperada escena a la modestísima rubia, pálida, delgada y de belleza así, como recatada y escondida!

El público rió y aplaudió la improvisada pasión del *famoso* don Celso, el del colegio. Allí no había malicia, y el padre de Cecilia, un empleado del almacén de máquinas del ferrocarril, que presenciaba el lance, era el primero que celebraba la ocurrencia, con cierta vanidad, diciendo al público, por si acaso:

—Tiene gracia, tiene gracia... En Carnaval todo pasa. ¡Vaya con don Celso!

A la media hora, es claro, ya nadie se acordaba de aquello; el bosque de los Negrillos estaba en tinieblas, a solas con los murmullos de sus ramas secas; cada mochuelo en su olivo. Broma pasada, broma olvidada. La Cuaresma reinaba; el Clero, desde los púlpitos y los confesionarios, tendía sus redes de pescar pecadores, y volvía lo de siempre: tristeza fría, aburrimiento sin consuelo.

* * *

Celso Arteaga volvió el jueves, desde muy temprano, a sus habituales ocupaciones, serio, tranquilo, sin remordimientos ni alegría. La broma de la víspera no le dejaba mal sabor de boca, ni bueno. Cada cosa en su tiempo. Seguro de que nada había perdido por aquella expansión de Antruejo, que estaba en la tradición más *clásica* del pueblo; seguro de que seguía siendo respetable a los ojos de sus conciudadanos, se entregaba de nuevo a los cuidados graves del pedagogo concienzudo.

Algo pensó durante unos días en la joven a cuyos pies había caído *inopinadamente,* y a quien había regalado la *simbólica* sardina. ¿Qué habría hecho de ella? ¿La guardaría? Esta idea no desagradaba al señor Arteaga. "Conocía a la muchacha de vista; era hija de un empleado del ferrocarril; vestía la niña de oscuro siempre y sin lujo; no frecuentaba, ni durante el tiempo alegre, paseos, bailes ni teatros. Recordaba que caminaba con los ojos humildes". "Tiene el tipo de la dulzura", pensó. Y después: "Supongo que no la habré parecido grotesco", y otras cosas así. Pasó tiempo, y nada. En todo el año no la encontró en la calle más que dos o tres veces. Ella no le miró siquiera, a lo menos cara a cara. "Bueno, es natural. En Carnaval como en Carnaval, ahora como ahora". Y tan tranquilo.

Pero lo raro fue que, volviendo el entierro de la sardina, el público pidió que hablara otra vez don Celso, porque no había quien se atreviera a *hacer olvidar* el discurso del año anterior. Y Arteaga, que estaba allí, es claro, y alegre y *hecho un hedonista temporero,* como decía él, no se hizo rogar... y habló, y venció, y... ¡cosa más rara!, al caer, como el *año pasado,* a los pies de una hermosa, para ofrecerle una flor que llevaba en el ojal de la americana, porque aquel año la sardina (por una broma de mal gusto) no era metálica, sino del Océano, vio que tenía delante de sí a la mismísima Cecilia Pla *de marras.* "¡Qué casualidad!, ¡pero qué casualidad!, ¡pero qué casualidad!", repetían cuantos recordaban la escena del año anterior.

Y sí era casualidad, porque ni Cecilia había buscado a Celso, ni Celso a Cecilia. Entre las brumas de la *semi*-borrachera pensaba él: "Esto ya me ha sucedido otra vez; yo he estado a los pies de esta muchacha en otra ocasión...".

* * *

Y al día siguiente, Arteaga, sin dejo amargo por la semi-*orgía* de la víspera, con la conciencia tranquila, como siempre, notó que deseaba con alguna viveza volver a ver a la chica de Pla, el del ferrocarril.

Varias veces la vio en la calle, Cecilia se inmutó, no cabía duda; sin vanidad de ningún género, Celso podía asegurarlo. Cierta mañana de primavera, paseando en los Negrillos, se tuvieron que tocar al pasar uno junto al otro; Cecilia se dejó sorprender mirando a Celso; se hablaron los ojos, hubo como una tentativa de sonrisa, que Arteaga saboreó con deliciosa complacencia.

Sí, pero aquel invierno Celso contrajo justas nupcias con una sobrina de un magistrado muy influyente, que le prometió plaza segura si Arteaga se presentaba a unas oposiciones a la judicatura. Pasaron tres años, y Celso, juez de primera instancia en un pueblo de Andalucía, vino a pasar el verano con su señora e hijos a Rescoldo.

Vio a Cecilia Pla algunas veces en la calle: no pudo conocer si ella se fijó en él o no. Lo que sí vio que estaba muy delgada, mucho más que antes.

* * *

El juez llegó poco a poco a magistrado, a presidente de sala; y ya viejo, se jubiló. Viudo, y con los hijos casados, quiso pasar sus últimos años en Rescoldo, donde estaba ya para él la poca poesía que le quedaba en la tierra.

Estuvo en la fonda algunos meses; pero cansado de la cocina pseudo francesa, decidió poner casa, y empezó a visitar pisos que se alquilaban. En un tercero, pequeño, pero alegre y limpio, pintiparado para él, le recibió una solterona que dejaba el cuarto por caro y grande para ella. Celso no se fijó al principio en el rostro de la enlutada señora, que con la mayor amabilidad del mundo le iba enseñando las habitaciones.

Le gustó la casa, y quedaron en que se vería con el casero. Y al llegar a la puerta, hasta donde le acompañó la dama, reparó en ella; le pareció flaquísima, un espíritu puro; el pelo le relucía como plata, muy pegado a las sienes.

—Parece una sardina —pensó Arteaga, al mismo tiempo que detrás de él se cerraba la puerta.

Y como si el golpe del portazo le hubiera despertado los recuerdos, don Celso exclamó:

—¡Caramba! ¡Pues si es aquella... aquella del entierro!... ¿Me habrá conocido?... Cecilia... el apellido era... catalán... creo... sí, Cecilia Prast... o cosa así.

Don Celso, con su ama de llaves, se vino a vivir a la casa que dejaba Cecilia Pla, pues ella era en efecto; sola en el mundo.

Revolviendo una especie de alacena empotrada en la pared de su alcoba, Arteaga vio relucir una cosa metálica. La cogió... miró... era una sardina de metal blanco, muy amarillenta ya, pero muy limpia.

—¡Esa mujer se ha acordado siempre de mí! —pensó el funcionario jubilado con una íntima alegría que a él mismo le pareció ridícula, teniendo en cuenta los años que habían volado.

Pero como nadie le *veía* pensar y sentir, siguió acariciando aquellas delicias inútiles del amor propio *retroactivo.*

—Sí, se ha acordado siempre de mí; lo prueba que ha conservado mi regalo de aquella noche... del entierro de la sardina.

Y después pensó:

—Pero también es verdad que lo ha dejado aquí, olvidada sin duda de cosa tan insignificante... O ¿quién sabe si para que yo pudiera encontrarlo? Pero... de todas maneras... Casarnos, no, ridículo sería. Pero... mejor ama de llaves que este sargento que tengo, había de serlo...

Y suspiró el viejo, casi burlándose del prosaico final de sus *románticos* recuerdos.

¡Lo que era la vida! Un miércoles de Ceniza, un entierro de la sardina... y después la Cuaresma triunfante. Como Rescoldo, era el mundo entero. La alegría un relámpago; todo el año hastío y tristeza.

* * *

Una tarde de lluvia, fría, oscura, salía el jubilado don Celso Arteaga del Casino, defendiéndose como podía de la intemperie, con chanclos y paraguas.

Por la calle estrecha, detrás de él, vio que venía un entierro.

—¡Maldita suerte! —pensó, al ver que se tenía que descubrir la cabeza, a pesar de un pertinaz catarro—. —¡Lo que voy a toser esta noche! —se dijo, mirando distraído el féretro. En la cabecera leyó estas letras doradas: C. P. M. El duelo no era muy numeroso. Los viejos eran mayoría. Conoció a un cerero, su contemporáneo, y le preguntó el señor Arteaga:

—¿De quién es?

—Una tal Cecilia Pla... de nuestra época... ¿no recuerda usted?

—¡Ah, sí! —dijo don Celso.

Y se quedó bastante triste, sin acordarse ya del catarro. Siguió andando entre los señores del duelo.

De pronto se acordó de la frase que se le había ocurrido la última vez que había visto a la pobre Cecilia.

"Parece una sardina".

Y el diablo burlón, que siempre llevamos dentro, le dijo:

—Sí, es verdad, era una sardina. Este es, por consiguiente, el *entierro de la sardina.* Ríete, si tienes gana.

Manín de Pepa José

Manín de Pepa José, si hubiera nacido señorito y hubiera estudiado y escrito en los periódicos, hubiera sido un *esteta*. Pero en Llantones, parroquia rural cerca de Gijón, Manín no era más que un *folganzán,* que no valía la *borona* que comía... cuando la comía.

Su madre, Pepa José, es decir, una Josefa, mujer de un José, quedó viuda ya en edad madura, y aunque la *casería* que llevaba en arrendamiento, en la escritura del contrato parecía cosa de Manín, heredero de José, quien mandaba en todo era la madre; sólo con ella se contaba. Enjuta, alta, de mucho hueso, mirada fiera, actividad febril, gestos hombrunos, era un águila para el trabajo, para el cuidado de la hacienda, y sus criados y jornaleros andaban en un pie. Sólo Manín, el hijo único, gozaba el privilegio de la benevolencia de aquella mujer que no daba un bocado de pan sin que se lo pagara algún servicio. Pero Manín era otra cosa; por él y para él trabajaba ella tanto. No era fuerte, no mostraba aptitud para las faenas del campo, y la madre había soñado con hacerle sacerdote. Pero él, muy contento con trabajar poco y cuando quería, no entraba por lo de cantar misa. El trabajo le repugnaba... pero el ascetismo también. Le gustaba la alegría, el ruido, el baile. Era gaitero de afición, y de habilidad notoria. Con la gaita suavizaba el carácter de su madre, aquella fiera; la embelesaba con aquellos gorgoritos estridentes del puntero y con las notas asmáticas que salían de las profundas entrañas del fuelle.

Cuando Pepa aturdía a gritos a los vecinos en media legua a la redonda, riñendo a un criado o atosigando a un deudor, y las imprecaciones de aquella Euménide de pan llevar retumbaban en el castañar que rodeaba la *casería,* Manín, tocando el *Altísimo Señor* o la *Praviana* en la gaita desafinada y melancólica, aplacaba poco a poco a la furia, la atraía y acababa por enternecerla.

* * *

Manín era de oficio, de verdadero oficio, soñador. Un soñador alegre, que buscaba la soledad para saborear los recuerdos de las fiestas, de las romerías, de los bailes alegres, llenos de *ijujús* tempestuosos, horrísonos, expresión de *histerismo* de centauros. Manín no sabía que el *ijujú* era celta; él lo consideraba como una manera de *relinchar* de los mozos de la aldea. Y él relinchaba también, sobre todo allá para sus adentros.

¡Si el mundo fuera siempre cortejar, bailar la danza prima, disparar el cachorrillo para solemnizar la procesión, tocar la gaita *al alzar* en la misa cantada el día de la fiesta! ¡Y después, a la luz de la luna, por el *castañeo* arriba, acompañar a una rapaza, y *echar la presona* a la puerta de su casa hasta cerca del alba! ¡Y luego, a solas, en la *llinda,* o a la hora de la siesta, sentir la brisa llena de olores queridos, familiares, reclinado el cuerpo sobre la rapada yerba, y soñar despierto, rumiando recuerdos dulces; como las vacas, sentadas a la sombra, rumiaban su alimento!

* * *

Pero la vida no era eso. En faltándole su madre ¿qué iba a ser de Manín? Y Pepa envejecía, y tenía achaques, que le procuró el trabajo excesivo. Se sentía herida de muerte y temblaba por el porvenir de aquel hijo, incapaz de dirigir la hacienda. Ya se había susurrado por la aldea que el *amo,* si moría Pepa, y Manín quedaba solo, no le dejaría seguir con el arrendamiento, porque en poder de tal *casero* los bienes perderían mucho.

Pepa vio la única salvación de su hijo en casarlo con una mujer que fuera como ella, que se pusiera los pantalones, y trabajara y dirigiera la casería. Rosa Francisca de Xunco fue la moza que ella deseaba. Era como ella, hormiga con alas para la codicia. Era hija de un vecino que siempre había envidiado la casería de Pepa José.

Rosa se casó con Manín sin mirarle siquiera, pensando nada más que en mandar allí, donde tanto mandaba Pepa. Eran iguales ambas hembras; pero por lo mismo eran incompatibles. Eran dos abejas reinas; una tenía que sucumbir. Como una especie de pacto tácito, venía a ser condición de la boda que Rosa no tuviera mucho tiempo que obedecer a nadie; sobraba Pepa, si lo tratado era tratado. Pepa bien lo conocía. Admiraba a Rosa, veía en ella el futuro amparo, y tirano también, de su Manín; y aborrecía a Rosa necesitándola, y le envidiaba aquella sucesión que tenía que dejarle ella. Pero Pepa murió pronto. Rosa Francisca ocupó su puesto y todo siguió como antes: los criados andaban en un pie, la *casería* prosperaba, y Manín tocaba la gaita, soñaba despierto en la *llinda,* y echaba de menos, un poco, el cariño áspero, pero cierto, de su madre. Rosa no le mimaba, ciertamente; le despreciaba; le tenía en constante olvido; pero le dejaba comer sin trabajar apenas.

Manín sintió también, además de la ausencia de su madre, la ausencia de las aventuras amorosas: ya se había acabado lo de *echar la presona,* el *cortejar* los sábados de noche, hasta la aurora del domingo. ¿Con qué reemplazar aquella dulzura? ¿Con el juego de bolos? Probó... pero aquello no le hizo gracia. Montaigne no encontraba ni en la gula ni en placer alguno un sustituto digno del amor: comprendía a los viejos que se consolaban con los buenos tragos, pero él no podía reemplazar con la embriaguez el amor. Manín, si no cosa tan delicada como el *rebrincar* y ergotizar con una buena moza, acabó por encontrar cierto encanto en las copas de anís escarchado, de malvasía y de rosa. Los licores dulzones fueron el sucedáneo de los galanteos para aquel epicurista de montera. Iba a los mercados de Gijón y allí se despachaba a su gusto bebiendo en un café, entre el *señorío,* aniseta, rosa, málaga y cosas así. Mucha dulzura, y ver candelillas, y figurarse el mundo menos malo de lo que positivamente era... Y a casa a dormir, oyendo frases de desprecio de aquella Rosa, que era su tirano, pero también el amparo que le había dejado su madre.

* * *

Tuvieron una hija. Buenos insultos le costó a Manín. Rosa hubiera querido un hijo.

No lo hubo. El trabajo mata, por lo visto. Mientras Manín se conservaba fresco, lozano, pese a los años, Rosa empezó a decaer; una vejez prematura, precipitada, acabó con ella... y tuvo que pensar en lo mismo en que había pensado Pepa José algún día. Si moría ella, ¿a quién iría a parar la casería? El nuevo amo, hijo del otro, tampoco la dejaría en poder de aquel trasto inútil de Manín... Y Rosa, con el mismo fin con que Pepa había buscado una mujer para Manín, buscó un marido para Ramona, la hija de Manín y de Rosa.

Ramona se parecía a su padre: era alegre, soñadora como él, poco activa, débil de carácter; no servía ella, como su madre y su abuela, para cuidar la hacienda. Pero Roque de Xuaca, el marido que escogió Rosa, sin consultar a Ramona, la mujer de Roque, era el aldeano más codicioso y tenaz para el trabajo de todo el concejo. En su juventud, mientras fue soltero, nunca fue a las romerías por las mozas, sino por los bolos. Ganar algunos céntimos en la bolera, a fuerza de sudores, era todo su recreo. El resto de la semana, en vez de los bolos del domingo, tenía la *fesoría,* la pala, la guadaña... los céntimos se los sacaba a la tierra. Se casó sin amor, sin nada más que codicia; dispuesto a ser el amo cuanto antes. Rosa murió pronto, y Roque empezó a tratar a su suegro peor que al perro, que le servía más guardándole la casa.

Manín temblaba ante el marido de su hija; no pensó en disputarle el dominio: desde luego aceptó su papel de carga inútil. Trabajar de veras no podía, no sabía; cada vez menos. A pesar de las buenas apariencias, Manín por dentro se sentía viejo, muy débil, cada día con más necesidad de amparo, de que le cuidaran, de que le dejasen sus aficiones de pobre diablo amigo de los tragos dulces, de la excitación alegre del licor... Pero Roque no consentía ni siquiera lo que Rosa había tolerado por desprecio. Roque de Xuaca era brutal, soez, cruel. A Ramona la tenía en un puño, y la pobre hija de Manín, siempre enferma, no se atrevía a defender a su padre. Ni Manín se quejaba delante de Ramona, por miedo de que el marido la maltratase si ella abogaba por su padre.

Roque ensayó lo imposible: obligar a Manín a trabajar de veras, con provecho y constancia. Manín sólo tuvo fuerzas de voluntad... para oponerse a tales ensayos, nuevos en su vida y de fracaso seguro. Lo que es trabajar como los demás no trabajaría por mucho que mandara Roque. Podía matarle de hambre, de un palo; pero hacerle pasar el día encorvado rompiendo terrones, era imposible. Pero el de Xuaca no se dio por vencido. Renunció a tener en Manín un esclavo que le ahorrase un criado, pero no renunció a sacar del pobre viejo todo el partido posible. Como a un chicuelo, se le obligaba a llevar el ganado al pasto, era el *rapacín de la llinda* y se le empleaba en otras labores fáciles, sencillas, pero molestas para un anciano. Y, por supuesto, se le acortó la ración. Se acabaron los buenos tragos, los viajes en pollino a la villa, los bocados de pan tierno, la ropa limpia y fresca; hasta se le echó del cuarto desahogado y caliente que ocupaba en la casa nueva y se le obligó a vivir en la choza antigua de la casería, a un tiro de fusil de la vivienda de su hija. Para Roque, su suegro era menos que el último jornalero.

Manín se sintió aislado, sitiado por hambre; quería matarle a fuerza de hastío, de soledad, de privaciones... ¡Málaga, rosa, marrasquino! ¡Recuerdos del bien perdido! Ni una *copiquiña* en un año. *Borona, fabes,* agua... un poco de leche, poco... y lo demás tristeza, frío, soledad, aburrimiento... Lo que no podía Roque era vencer la afición de Manín a las delicias de que le privaba. Soñaba con ellas, no pensaba en otra cosa. La privación de aquellos placeres materiales, de los buenos tragos, de los buenos bocados, le hacía dar un interés exclusivo a tales cosas; toda su voluptuosidad, que antes se esparcía en tantas delicias, el amor, la música, la vaga poesía del ensueño, la danza, la conversación alegre... ahora se reducía a complacencias del paladar, que no podía conseguir, y que cada día deseaba con más fuerza.

Cuando le echaban en cara su apego a tales apetitos groseros, Manín se enternecía, con lástima infinita de sí mismo, y, como un anacreonte elegiaco, procuraba demostrar que a un pobre viejo que ya no podía gozar de otros placeres, los buenos tragos, los buenos bocados se le debían como se le debe el respeto.

Pero Roque le trataba peor cada día: llegó a reducirle a la condición, casi casi, de un mendigo.

* * *

Murió Ramona en un mal parto. Roque, seguro de tiempo atrás de que con la casería se quedaba él, se vistió de negro, con ropa de invierno en agosto, antes de que el cadáver saliera de casa. Puso el rostro duro, compungido, con mueca avinagrada, y recibió a los señores curas y a los parientes y vecinos que vinieron al entierro y a los funerales, con seria amabilidad, sin extremar las manifestaciones del dolor, sin olvidar sus deberes de amo de casa para con los huéspedes, pero sin descuidarse un momento en su papel de viudo que debía estar por dentro muy afligido. Con suspiros contestaba a los consuelos de rúbrica, y en silencio pagaba con obsequios las máximas filosóficas y religiosas con que los huéspedes procuraban mitigar la pena que él estaba en el caso de sentir.

De Manín nadie se acordaba; pero él vino desde su destierro de la cabaña vieja sin que le llamaran, y a nadie se le ocurrió echarlo de allí, como tampoco se echaba al perro, que entraba y salía en la alcoba mortuoria.

Manín estaba, más que afligido, aturdido, desorientado. ¿Qué iba a ser de él? Algunos, los pocos que no sabían el desprecio con que se miraba al pobre viejo en la casa, le daban el pésame y procuraban consolarle también. Estos consuelos le hicieron pensar a Manín algo en lo que le pasaba: perdía a una hija, a Ramona, su hija única... Su carácter de padre exigía sentir una pena moral, honda... más honda... Manín sentía una pereza invencible de padecer. Comprendió que si se empeñaba en enternecerse, en afligirse, imaginándose *cosas finas* como antaño cuando comía y bebía bien y tenía la sangre caliente, conseguiría algo, conseguiría atormentarse, recordar la niñez de Ramona, remotas caricias... pero todo eso podía excusarse. Manín suspiraba, murmuraba frases de resignación mezcladas con otras de dolor... pero se resistía, en sus adentros, a dejar que la imaginación se le fuese por los campos negros de la pena. Además, si pensaba en Ramona, tenía que pensar en sí mismo, en cómo quedaba él... y aquello sí que era serio, terrible, cosa positiva, perentoria, mal de un vivo, no de muertos, que ya no son... No, no; nada de pensar en el dolor que le aguardaba...

Por el olfato empezó Manín a separarse de todas aquellas tristezas imaginarias a que le invitaban los curas y los vecinos que le hablaban de la muerta.

De la cocina, muy próxima, venían olores que eran delicias positivas en forma de esperanza que casi se podía paladear. Entró en la cocina. Se preparaba la gran comilona del funeral, el banquete en la aldea inexcusable. El *xenru,* el yerno, Roque, estaba en todo; la dignidad de la casería exigía aquel sacrificio: buena comida y muchos curas a cobrar la pitanza. Mostrándose rumboso y no dejando un momento el gesto avinagrado, que él creía de tristeza, probaba Roque lo que debía a su papel de viudo mejor que con frases que no se le ocurrían. En día tan lleno de cuidados no pensó en la difunta directamente ni cuatro veces. Además, allí no había pasado nada en rigor: él ya era el amo; continuaría siéndolo.

Manín, mientras el clero y los demás del duelo cumplieron con todas las diligencias debidas al *cuerpo* (así llamaban todos al cadáver de Ramona), se quedó en casa alrededor de los pucheros, y cuando volvió de la lejana iglesia el fúnebre cortejo, ya sabía el pobre hambriento a qué atenerse; en la mesa principal, la de los clérigos, había puesto para él, y había dos sopas, dos pucheros, tres principios, arroz con leche, café, queso y vino y licores. Cuatro botellas de cuello largo había visto él sobre la masera. Aquellos eran los licores. No sabía leer y no pudo enterarse por los rótulos del contenido, pero no dudaba de que algo de aquello sería dulce.

Manín se impacientaba. Tardaban en volver los clérigos y legos que habían ido a enterrar a su hija, a su Ramona, y a cantarle un gorigori de los repicoteados. ¿Si se quemaba el arroz con leche? ¿Y la sopa? ¿No se perdería la sopa? Si se hubiera atrevido él a meter baza en la cocina, habría aconsejado a la respetable María Xuanón, la gran cocinera de la comarca, que no echase el arroz y los fideos tan pronto, porque las misas de difuntos cantadas con todo lujo son muy largas.

Manín se plantó, como gallo vigilante, en lo más alto de la *saltadera,* entre la *quintana* y la *llosa,* para adelantar los sucesos, para dominar más camino y ver cuándo aparecían los primeros señores que habían de volver de la iglesia y del cementerio. Por la frente, para que no le deslumbrase el sol, Manín divisó el primer grupo, negro, compacto; después otro de más gente, y otro y otro... Volvían como bandada de cuervos que se disuelve. ¡Qué poca prisa se daban! ¡Cuánta hipocresía! —pensaba Manín a su manera—. —¡Vienen con pies de plomo para disimular la gana que tienen de coger las tajadas! Todos parecen abrumados por la pena, y están sintiendo exclusivamente el hambre.

Cuando llegaron a la *saltadera* los del primer grupo, Manín dejó el paso libre. Los más eran aldeanos que le conocían bien; dos o tres que eran de la *villa* le dieron el pésame otra vez, le estrecharon la mano. Manín gruñó agradecido, pero algo turbado, como temiendo que aquel honor no le correspondiera, en concepto de su yerno, el viudo, y esto pudiera costarle el asiento que tenía a la mesa.

Roque llegó con el último grupo, con el cura de la parroquia, el arcipreste y otros clérigos. No se dignó mirar al padre de su difunta. Entre la gente del duelo ya se notaba que empezaba a ser tema viejo y gastado el del triste suceso que allí los reunía y los daba de comer aquel día. El elemento laico mostraba más hipocresía o más cuidado de las *formas;* aún se repetían los lugares comunes que debieran servir de consuelo y no sirven; se conservaban los rostros con expresión compungida. El clero disimulaba menos su indiferencia, y esta franqueza del egoísmo inconsciente tiene algo de relativamente simpática. Enterrar al prójimo era el oficio de aquellos buenos párrocos y capellanes sueltos; de eso vivían; de modo que no era cosa de llorarlo. Además, sin darse cuenta de ello, los curas mostraban, entre los aldeanos, cierto aire de superioridad, así como de casta, o por lo menos de clase. Hablaban y bromeaban en presencia de los destripaterrones casi con la misma libertad que empleaban en sus gaudeamus de las fiestas, cuando todos eran de Iglesia. Las bromas y libertades de los clérigos rurales podían no ser del mejor gusto, ni graciosas, ni *correctas;* pero eran inocentes, casi infantiles. Faltaban a ciertas reglas de urbanidad clerical, si cabe hablar así, que hubiera exigido la presencia de un obispo, v. gr. Pero que ofendiesen a Dios aquellas maneras algo descompuestas, no es cosa segura.

Roque, de vuelta del entierro, ya era otro. Pensaba exclusivamente en sus huéspedes, no en la difunta. El gesto de vinagre se atenuó; quedaba el traje negro de invierno encargado de recordar el papel *social* que representaba el viudo. Servir bien a los señores sacerdotes, y a los de la villa, y como se pudiera a los demás, este era ya el único afán del que iba a quedarse con la casería de que ya era dueño, *de hecho,* hacía tantos años.

—¡Señores, a la mesa! —dijo Roque con tono solemne y algo fúnebre, en pie, en medio de la puerta del corral, donde estaban muchos curas examinando las vacas y los recentales.

—¡Santa palabra! —se atrevió a decir un capellán, picado de viruelas, pequeño, vivaracho, que hacía alarde de ser travieso, franco y todo lo mundano que las sinodales permitían.

Subieron todos al comedor, improvisado en la sala del piso alto, estrecha, oscura y mal pintada de amarillo y verde; lujo introducido por Roque, que era ambicioso y aspiraba al sibaritismo, allá, para cuando ahorrara bastante.

Una cabecera la ocupó el arcipreste y otra el párroco de Llantones, que fue diciendo:

—Aquí Jove, aquí Puao, aquí Contreces, aquí Granda...

Y así fue señalando silla a cada uno de los curas designándoles con el nombre de la respectiva parroquia, si la tenían.

A la derecha del arcipreste sentaron a Manín; a la del párroco de Llantones se sentó Roque.

Manín hubiera sentido orgullo delicuescente si hubiera sido capaz de apreciar que aquello del sitio era un honor. Pero él no picaba tan alto en materia de pompas y vanidades, como la inspección de los pucheros y ollas le habían dado la seguridad de que sobraba comida, hasta para los pobres, no daba importancia al sitio, sino al hecho de estar sentado a la mesa. El dónde, importaba poco.

—¡Don Manuel, ánimo! ¡Hay que comer, qué diantre! —dijo don Primitivo, el curita de las viruelas, que estaba cerca del aturdido Manín.

—Sí, señor; ya lo creo. Comeremos... ¡qué remedio!...

Iba a suspirar, pero lo dejó, porque lo reputó una excusada y repugnante hipocresía. Su Ramona, que le vería desde el cielo, o desde el purgatorio, de fijo aprobaría su conducta; además, con ella, con su hija, no tenía para qué andarse con cumplidos: harto sabía ella que su padre no había comido cosa fina, comida de curas nada menos, muchos años hacía. ¿Cómo no habían de alegrársele los sentidos? ¡Olía tan bien la sopa humeante! Estaba la mesa tan blanca, el pan parecía tan tierno, tan caliente y generoso el vino... ¡Quién dijo pena!... es decir, pena sí, claro; pero luego, luego... a otra hora, otro día... muchos días... ¡sí, carape, muchos días!... más cada día, acaso... ¡Recontra! ¡Pues no iba a ponerse a pensar en aquello tan negro, tan triste!...

—¿Arroz o fideos... Manín? —preguntó el arcipreste.

—*Mezámelo, mezámelo* —contestó el padre de Ramona con humildad y candor de paloma.

Quería decir que le dieran fideos y arroz.

Comía, devoraba Manín; a dos carrillos; engullía de prisa, como perro o gato que asalta una despensa, mirando receloso a su yerno entre bocado y bocado. Roque estaba muy ocupado con sus atenciones de amo de casa que quiere agasajar a los huéspedes. Por eso —pensaba Manín— le dejaba a él comer todo lo que quería.

Sonreía el padre de la difunta a derecha e izquierda, mirando a todos con expresión de agradecimiento y ternura, como diciendo: ¡Gracias, señores; gracias por admitir al mísero padre de Ramona, que en paz descanse, a esta mesa tan bien servida, donde va a sacar la tripa de mal año, de muchos malos años!

La primera copa de buen vino de Toro la recibió el cuerpo de Manín como si con ella le hubiesen ungido rey y emperador de la felicidad terrenal. ¡Qué cosas de cariño, de intimidad caliente, familiar, llena de recuerdos dulcísimos, le decía el jugo de la uva al caerle por la garganta abajo!

Vino el primer cocido, el puchero fresco, lleno de golosinas, tales como buen chorizo, jamón, menudos de gallina, tocino rancio, y Manín dejó que le llenara Don Primitivo el plato, hasta convertírselo en pirámide, de todas aquellas delicias del estómago.

La conversación empezaba a animarse. No había ya reserva alguna, hipocresía de ningún género, ni aun por parte del elemento laico, que antes fingía cierta pena. Así como cuando hay fiesta nadie se acuerda del santo, ahora nadie se acordaba de la difunta, a cuya salud... eterna estaba comiendo toda aquella concurrencia de cristianos tibios.

Se habló de la cosecha, del último concurso convocado por el señor obispo, de los masones; pero la alegría franca, aunque no descarada ni de manifestaciones bulliciosas, no se mostró hasta que comenzaron los chascarrillos. A Manín le parecía inagotable el vino, y como el vino los cuentos; creía que aquellos señores curas sacaban del fondo de los vasos todas aquellas historias que acababan siempre por un chiste, que reían todos, y que él no entendía las más veces, pero celebraba también con una carcajada y un trago. Los cuentos eran, los más relativos al clero; solía ser el héroe un famoso cura de La Parada, a quien Manín estaba admirando y envidiando, como César a Alejandro. ¡Si él hubiera sido párroco! ¡Qué tragos, qué pitanzas, qué comilonas!

* * *

Vino la morcilla, con las *fabes* y el *llacón* y la sidra. ¡Madre de Dios, qué recuerdos de dicha olímpica despertaban en las entrañas de Manín aquellos olores! Sí, en las entrañas; porque eran recuerdos, sensaciones, deleite de paladar *alucinado* por evocaciones de remotas harturas; asociación de ideas, y aún más, de voluptuosidades; sentimentalismo de la gula... ¡qué sabía el pobre Manín! Pero ello era un encanto, estómago y corazón participaban de la delicia...

¡La juventud, la abundancia... el pasado... su madre, su mujer... su hija... sus ensueños!... Manín aflojó el cinto ruin con que sujetaba los pantalones, se limpió el sudor de la frente con la servilleta... y se bebió de un trago un vaso de vino tinto.

Carne asada, un pato, calabacines rellenos... todo eso fue pasando por la mesa y de todo comió el de Pepa José como por cuatro; y de camino bebía como seis...

Indudablemente, el mundo ya le parecía otro: quería pensar y echaba de menos lo que él no sabía que se llamaba lógica; quería sentir y sentía cosas extrañas, ilógicas también; por ejemplo: perdonaba a su yerno y le abrazaba, *in mente* y al recordar a Ramona no le dolía mucho por dentro, sino que la veía como en el centro de la tierra muerta de risa y contenta de ver a su padre tan bien comido y en camino de coger una borrachera de las que se duermen dos días...

Manín, sin miedo a su yerno ni al arcipreste, rompió a hablar alto, y contó cuentos verdes, y filosofó a su modo acerca de la comunión de los santos y el perdón de los pecados. Dijo lo que quiso, nadie le fue a la mano. El infeliz creía que todos estaban tan exaltados como él; no podía notar que desentonaba, que la alegría de los demás era contenida, expresiva sin estrépito, sobre todo, sin imprudencias, sin paradojas sentimentales... Nada de eso podía ver; se puso en pie, peroró, lloró, abrazó a diestro y siniestro... y cuando llegó la hora de los licores, abrazado a la botella de aniseta, pegajoso y dulzón, cantó a su modo, en prosa bable, una égloga elegiaca, invocando el derecho de gozar del presente, de aquella orgía, que lo era para él la comilona; y se esforzaba en compaginar, con palabras incoherentes, el dolor y la alegría, su desgracia cierta y su pasajera delicia, con no menos poesía, en el fondo, y no menos incomprensible para el vulgo, que Sheley cuando quiere en el *Epipoy-chidion* armonizar el amor a dos mujeres a un tiempo.

Roque dejaba a su suegro disparatar, desentonar, descomponerse, escandalizar... Le convenía... "Ya lo veían aquellos señores; testigos eran: quedaba explicado por qué él trataba al padre de su difunta como a un perro... Si se le dejaba comer y beber bien, se ponía así, loco...

* * *

El escándalo fue mayúsculo. "Tenía razón Roque: su suegro era *imposible*". La opinión, en las aldeas del contorno, fue unánime. En la comida del entierro nadie, ni los más indiferentes al duelo de la casa, se habían extralimitado. Se había querido, como siempre, distraer a la familia, contando chascarrillos, animando la conversación, pero todo con cierto tino, sin salir del tono conveniente... y él, Manín, el padre de la difunta, se había emborrachado, y había cantado coplas sucias y había llorado... vino y sidra... ¡Horror!

* * *

Algunos meses después, ni Roque, ni el párroco de Llantones, ni el arcipreste, ni ninguno de aquellos comensales tan morigerados se acordaban ya, ni en sus cortas oraciones, de la pobre Ramona, que comía tierra. De lo que sí se hablaba algunas veces todavía era del escándalo que había dado Manín de Pepa José en la comida de los funerales de su hija...

Manín volvió a su choza miserable, a su vida de perro pastor; decrépito, comiendo como un anacoreta... borracho de lágrimas, de recuerdos, de necesidad... lleno de lástima de sí mismo... y viendo el mundo vacío, enemigo, con él porque por él ya no cuidaba aquella hija que parecía ruda y era como el aire, como la luz, como el calor... La necesitaba, con ansias de enfermo caduco... y ella no venía, no volvía, no podía volver...

Manín deseaba un remedio que no sabía buscar, en sus cortos alcances; el remedio que él quería era el suicidio, pero no daba con él. Los animales no suelen suicidarse, aunque padecen mucho a veces. Manín era como un rocín viejo, podrido, desamparado... que no sabía suicidarse. Acaso estaba chocho, con la idea-dolor fija de su Ramona... que no estaba allí, en Llantones... en la casería... para compadecerse del pobre viejo, y darle aire, luz, calor... vida... la vida aquella que ni se marchaba ni se quedaba; que él tenía y no tenía... Para su delirio de penas, Ramona ausente era el sol muerto, y él, Manín, desnudo, en la calle, tiritando de frío... ¡con miedo, con sed, con hambre!...

Este libro se acabó de imprimir
el día 26 de diciembre de 2001,
festividad de San Esteban,
en los talleres de Gráficas Summa,
Llanera, Asturias.